Niv... ...aire

CIVILISATION

PROGRESSIVE

DU FRANÇAIS

avec 400 activités

Ross Steele

CLE

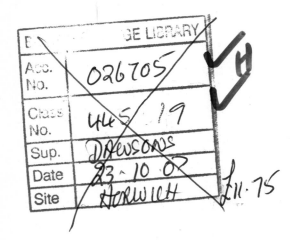
Couverture : MICHEL MUNIER
Maquette et mise en page intérieure : TYPO-VIRGULE
Recherche iconographique : VALÉRIE DELCHAMBRE
Cartographie : GRAFFITO

ISBN : 209-033358-8

AVANT-PROPOS

La *Civilisation progressive du français* est un livre unique en son genre par sa présentation et par ses objectifs. Il s'adresse à des étudiants et à des adultes faux débutants et intermédiaires ayant déjà acquis une compétence fondamentale en français.

La *Civilisation progressive du français* propose une vue d'ensemble simple et complète de la civilisation française. Cet ouvrage est composé de sept parties qui constituent un ensemble de repères : repères géographiques, historiques, politiques, économiques, sociaux, culturels et quotidiens.

À l'intérieur de chaque partie on trouvera un ensemble de courts chapitres qui donnent les informations essentielles pour comprendre la France d'aujourd'hui.

La *Civilisation progressive du français* permet une lecture individualisée. Chaque partie et chaque chapitre sont autonomes. Ce qui permet à l'utilisateur de choisir l'ordre qu'il souhaite selon ses besoins ou tout simplement sa curiosité.

La *Civilisation progressive du français* présente les tendances les plus actuelles de la société française en ce début de nouveau siècle. La *Civilisation progressive du français* privilégie une approche qui relie le passé et le présent, les traditions et la modernité, l'évolution des comportements et les valeurs fondatrices. L'ouvrage a pour objectif d'informer sur les nouvelles réalités françaises et de rendre les apprenants capables de les apprécier et de les interpréter.

La *Civilisation progressive du français* offre ainsi la possibilité à chaque étudiant d'approfondir et de vérifier ses connaissances.

Sur la page de gauche, les informations les plus utiles, des photos informatives et des encadrés qui mettent en relief des spécificités françaises.

Sur la page de droite, des activités qui permettent de vérifier la compréhension des informations données sur la page de gauche, des activités de découverte et d'interprétation, ainsi que des activités interculturelles, point de départ d'un véritable dialogue des cultures.

À la fin du livre, un lexique culturel alphabétique qui précise le sens des mots et expressions difficiles en raison de leurs connotations culturelles particulières.

Un livret séparé contenant des corrigés et des compléments d'information accompagne la *Civilisation progressive du français* pour en faire un véritable « tout en un » indispensable à la découverte de la France d'aujourd'hui.

Connaissez-vous
le sujet de ces photos ?

Si non, regardez
les pages suivantes :
12, 16, 36, 62, 96,
100, 114, 140 et 142.

SOMMAIRE

REPÈRES GÉOGRAPHIQUES

1 L'HEXAGONE

Le relief 8

Le climat 10

Les paysages 12

2 LA POPULATION

Le peuplement 14

L'identité 16

L'esprit français 18

3 LES RÉGIONS

L'Île-de-France 20

L'Ouest 22

Le Nord 24

L'Est 26

Le Centre 28

Le Sud-Ouest 30

Le Grand Sud 32

4 PARIS

Histoire 34

Quartiers 36

Fonctions 38

REPÈRES HISTORIQUES

5 L'ÉTAT-NATION

Dates et faits 40

Personnages 42

Des valeurs partagées 44

6 UN PAYS EN RÉVOLUTION

La Révolution française 46

Mai 1968 48

7 LA FRANCE MODERNE

D'une guerre à l'autre 50

L'empire colonial 52

La Ve République 54

REPÈRES POLITIQUES

8 LA VIE POLITIQUE

L'organisation des pouvoirs 56

Les partis politiques 58

Les rituels politiques 60

9 LE RÔLE DE L'ÉTAT

L'organisation administrative 62

La régionalisation 64

L'État, pour quoi faire ? 66

10 LA LOI ET L'ORDRE

Le droit et la justice 68

L'armée et la police 70

11 LA FRANCE DANS L'EUROPE ET DANS LE MONDE

La construction européenne ... 72

L'avenir européen 74

L'action internationale 76

12 LA FRANCOPHONIE

Une langue en partage 78

Un pari politique et culturel ... 80

L'aide au développement 82

REPÈRES ÉCONOMIQUES

13 UNE ÉCONOMIE QUI S'EXPORTE

L'image économique 84

Une puissance commerciale 86

14 UNE PUISSANCE AGRICOLE

La deuxième puissance agricole
mondiale 88

L'industrie agroalimentaire
et le monde rural 90

15 UNE INDUSTRIE INNOVANTE

Les transports 92

L'énergie 94

La communication 96

16 UNE INDUSTRIE DE L'ART DE VIVRE

L'industrie du luxe 98

La gastronomie 100

Le tourisme 102

REPÈRES SOCIAUX

17 EN FAMILLE

États civils 104

Portraits de famille 106

L'État et la famille 108

18 À L'ÉCOLE

L'école pour tous 110

L'organisation des études 112

Un débat permanent 114

19 AU TRAVAIL

La vie professionnelle 116

L'organisation du travail 118

Les nouvelles formes de travail .. 120

REPÈRES CULTURELS

20 LES GRANDS COURANTS ARTISTIQUES

La Renaissance 122

Le classicisme 124

Le romantisme 126

Le surréalisme, l'existentialisme,
le Nouveau Roman 128

21 LA CULTURE VIVANTE

La musique 130

La chanson 132

Le cinéma 134

Le français qui bouge 136

Les médias 138

22 LES PRATIQUES CULTURELLES

Les sports 140

Les loisirs 142

Les vacances 144

Les activités artistiques 146

REPÈRES QUOTIDIENS

23 AU JOUR LE JOUR

Le calendrier 148

À chacun son temps 150

Une journée ordinaire 152

24 CHEZ SOI

Collectif ou individuel 154

L'espace de la maison 156

Les équipements 158

25 À TABLE

Habitudes 160

Tendances 162

Conflits 164

26 CONSOMMER

L'argent 166

Dépenser 168

Lieux de consommation 170

27 CHEZ LE MÉDECIN

Se soigner à tout prix 172

Se soigner autrement 174

28 CROIRE

Les religions du « Livre » 176

Les sectes/Peurs et superstitions .. 178

1 L'HEXAGONE

LE RELIEF

La France ressemble à un **hexagone**. On distingue six côtés : trois côtés maritimes (mer du Nord-Manche, océan Atlantique, mer Méditerranée) et trois côtés terrestres (Belgique-Luxembourg, Allemagne-Suisse-Italie, Espagne). Elle est soumise à trois influences : atlantique, méditerranéenne, continentale. C'est un carrefour et cela explique sa diversité.

Quand on regarde une carte, on observe que la France est divisée en deux : en suivant une ligne nord-est/sud-ouest, on trouve les montagnes (Vosges, Jura, Alpes, Massif central, Pyrénées) à l'est de cette ligne et les plaines (plaines du Nord, Bassin parisien, Bassin aquitain) à l'ouest de cette ligne.

La France est un pays d'une grande diversité :

● **Diversité des montagnes** : vieilles et peu élevées (Massif armoricain, Massif central, Ardennes, Vosges) ou jeunes et élevées (Jura, Alpes, Pyrénées). Le sommet le plus haut est le mont Blanc (4 807 m) dans les Alpes.

● **Diversité des plaines** : deux grands bassins (aquitain et parisien), deux plaines fluviales (plaine d'Alsace et Couloir rhodanien [Saône-Rhône]) et trois plaines littorales (Flandres, Landes et Languedoc).

● **Diversité des fleuves** : les cinq fleuves (Seine, Loire, Garonne, Rhin, Rhône) sont de dimension moyenne (entre 525 km pour la Garonne et 1 010 km pour la Loire) ; trois ont leur source hors de France : le Rhin

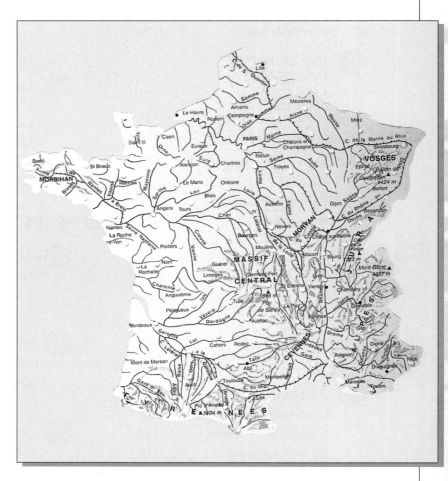

et le Rhône en Suisse, la Garonne en Espagne ; trois seulement sont navigables (la Seine, le Rhin et le Rhône) ; tous traversent de grandes villes : la Seine traverse Paris ; la Loire, Nantes ; la Garonne, Toulouse et Bordeaux ; le Rhin, Strasbourg ; le Rhône, Lyon.

■ La France en chiffres

● *Superficie* : 550 000 km².
● *Distance maximale* : nord-sud : 973 km ; est-ouest : 945 km.
● *Altitude moyenne* : 342 m.
● *Longueur des frontières* : 5 670 km, dont 2 970 km terrestres et 2 700 km maritimes.

ACTIVITÉS

1 Situez sur la carte selon les numéros indiqués.

(___) l'océan Atlantique ; (___) la mer Méditerranée ;

(___) la Manche ; (___) l'Allemagne/la Suisse/l'Italie ;

(___) l'Espagne ; (___) la Belgique/le Luxembourg.

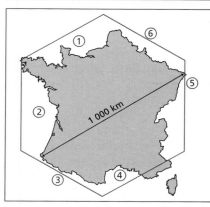

2 Situez sur la carte selon les numéros indiqués.

• **les montagnes suivantes :** (___) les Pyrénées ;

(___) les Alpes et le mont Blanc ; (___) les Ardennes ; (___) les Vosges ;

(___) le Jura ; (___) le Massif central ; (___) le Massif armoricain.

• **les plaines suivantes :** (___) le Bassin parisien ; (___) le Bassin aquitain.

3 Quelles montagnes séparent :

• la France et l'Espagne : _____ • la France et l'Italie : _____

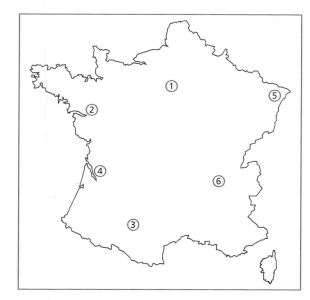

4 Donnez le nom de la ville correspondant aux numéros indiqués sur la carte.

1 : _____

2 : _____

3 : _____

4 : _____

5 : _____

6 : _____

5 Dessinez sur la carte les cinq fleuves : la Seine, la Loire, la Garonne, le Rhin et le Rhône.

• Quel fleuve traverse Paris ? _____

• Quel fleuve est le plus long et sépare le nord et le sud de la France ? _____

• Quel fleuve forme le couloir rhodanien et se jette dans la Méditerranée ? _____

• Quel fleuve constitue une frontière entre la France et l'Allemagne ? _____

LE CLIMAT

Dans l'ensemble, le climat de la France est un climat tempéré. Il est soumis à trois influences : atlantique, continentale et méditerranéenne.

On distingue donc :

• **un climat atlantique**, maritime et tempéré, plutôt brumeux, humide et frais au nord et en Bretagne, mais chaud et ensoleillé en Aquitaine ;

• **un climat continental** avec des hivers secs et froids et des étés chauds et secs, mais des printemps et des automnes pluvieux. Toutefois, le climat continental parisien est plus modéré que le lorrain et l'alsacien, plus rudes et plus froids en hiver et plus chauds en été. Le climat montagnard connaît aussi quelques différences : les étés sont courts et les hivers longs, froids et enneigés ; la température peut y devenir sibérienne et descendre comme dans le Doubs jusqu'à − 35 °C ;

• **un climat méditerranéen**, avec des étés chauds, ensoleillés et secs et des hivers doux ; ce climat est aussi un climat violent à cause du vent (mistral et tramontane) et des orages.

La diversité des climats produit une grande variété de lumières qui feront le bonheur des peintres à partir de l'impressionnisme. La Bretagne, la côte normande, la Côte d'Azur, le Bassin parisien seront les lieux préférés des peintres.

■ La météo

C'est en 1796 que Lamarck créa la division météorologique de l'Observatoire chargée de l'observation du temps et des prévisions météorologiques.

Le temps qu'il fait occupe une grande place dans les conversations quotidiennes des Français et les prévisions météorologiques sont très regardées à la télévision ; les présentateurs de ces programmes sont devenus des visages célèbres de la télévision ou des voix connues de la radio.

L'hiver 1954 et la sécheresse de l'été 1976 font partie de la mémoire collective avec, bien sûr, les deux tempêtes des 26 et 28 décembre 1999.

Un été chaud à Paris dans le parc André-Citroën.

A C T I V I T É S

1 Cherchez dans le texte des adjectifs qui décrivent souvent :

• L'été : _____

• L'automne : _____

• L'hiver : _____

• Le printemps : _____

2 Quels adjectifs correspondent aux substantifs suivants ?

• La fraîcheur : _____   • L'humidité : _____

• La douceur : _____   • La brume : _____

• La chaleur : _____   • Le soleil : _____

• La pluie : _____   • La neige : _____

3 Retrouvez dans le texte le contraire des adjectifs suivants.

• froid : _____   • tempéré : _____

• sec : _____   • doux : _____

4 Comment s'appelle le vent très violent qui souffle :

• Dans la vallée du Rhône : _____

• Dans le Languedoc : _____

5 À partir de la carte, dites quel temps il fait dans le Nord, l'Est, l'Ouest, le Centre, le Midi, dans les Alpes et le Massif central ?

6 Trouvez des tableaux impressionnistes qui montrent le ciel, la lumière, l'eau, les paysages de France. Décrivez-en un.

☀	Ensoleillé
🌤	Éclaircie
☰	Brouillard
☁	Nuageux
🌧	Pluie
🌪	Orage
❄	Neige
➡	Vent

3° 5° 3° 8° 0° 6° 12° 10° 12° 13°

LES PAYSAGES

La France est célébrée pour la variété de ses paysages. Elle le doit à la diversité des sols et des reliefs, à l'influence des climats, à l'action des hommes sur ces paysages.

• La **lande bretonne et atlantique** offre un paysage de pins, de chênes, de hêtres et de bouleaux ; les genêts, les bruyères, les fougères donnent au paysage une couleur spécifique.

• Les grands espaces du **Bassin parisien**, de la **Beauce** et de la **Brie**, de la **Flandre** et de la **Champagne** sont couverts de cultures céréalières, de pâturages ou de vignes. Des forêts de hêtres, de chênes ou de frênes découpent le paysage.

• La **vallée du Rhône** subit les influences méditerranéennes : on y rencontre l'olivier au sud, le châtaignier un peu plus au nord. Pas de grandes forêts mais beaucoup d'arbustes et de buissons et, sur les pentes les plus favorables, la vigne. Les arbres fruitiers (pêchers, abricotiers, cerisiers), les cultures maraîchères offrent l'image d'une nature généreuse.

• Le chêne vert avec le pin d'Alep et le cèdre de l'Atlas donnent sa couleur au **paysage méditerranéen** ; le romarin, la lavande, le mimosa, le laurier, l'eucalyptus, le thym lui apportent son odeur. Le maquis et la garrigue recouvrent les petits massifs et les champs d'oliviers contribuent à la beauté des paysages.

• La **montagne** offre également des paysages variés : forêts de chênes, de sapins comme dans les Vosges ou les Ardennes ; forêts de chênes, de châtaigniers, de pins en Corse et dans les massifs méditerranéens ; maquis en Corse ; pâturages des Alpes.

Calanques près de Cassis sur la côte méditerranéenne.

■ Découvrir la France au fil de l'eau

Le bateau est un bon moyen de découvrir la diversité des paysages de France. 8 500 kilomètres de canaux relient en effet les cinq principaux fleuves. À la vitesse de 10 km/heure, on découvre à son rythme les vignobles de Bourgogne, le vieux Strasbourg, les vieilles cités du Languedoc et Narbonne. Certains de ces canaux, construits au XVIIe siècle, tels le canal de Briare et le canal du Midi, sont de vrais monuments. Près de 200 000 touristes venus de toute l'Europe choisissent ainsi de découvrir la France au fil de l'eau.

Les hommes ont contribué à dessiner ces paysages : paysages ouverts du Nord et de la Champagne avec un habitat rassemblé autour des villages ; paysages fermés dits de bocages à l'Ouest et au Centre avec un habitat dispersé, des fermes isolées ; villages méditerranéens perchés sur des collines près des champs de vignes ou d'oliviers.

Le mont Blanc, sommet le plus élevé des Alpes.

A C T I V I T É S

1 Dans quelles régions trouve-t-on :

• Des arbres tels que le chêne, le pin, l'eucalyptus, l'olivier : _____

• Des cultures céréalières (blé, maïs...) : _____

• Des cultures maraîchères (légumes) : _____

• Des vignes (raisin) : _____

• Des pâturages : _____

2 Choisissez une des régions indiquées dans le texte et décrivez le paysage (végétation, couleur, odeur, etc.).

_____

_____

_____

3 Quelles sont les différences principales entre :

• les paysages du Nord où les champs sont immenses et ne sont pas limités par des clôtures ?

• les paysages de bocage du Centre et de l'Ouest où les petits champs sont entourés de haies et d'arbres ?

• les paysages méditerranéens où la terre est cultivée entre les collines ?

_____

_____

_____

_____

4 Comment le style des maisons rurales varie-t-il entre le nord, le centre et le sud de la France ?

_____

_____

_____

_____

5 La ville de Castelnaudary sur le canal du Midi, long de 241 km, qui relie par la Garonne l'Atlantique à la Méditerranée, constitue l'un des principaux voyages organisés pour les touristes sur les canaux en France. Écrivez le texte d'une brochure proposant un voyage sur les canaux.

_____

_____

_____

_____

2

LA POPULATION

LE PEUPLEMENT

Plusieurs groupes ethniques composent le peuple français.

• Aux VIIIe et VIIe siècles avant Jésus-Christ, **les Grecs** sont arrivés par le sud, et les Gaulois, une des nombreuses tribus celtes, par l'est. Les Grecs ont notamment fondé Marseille, il y a 2 600 ans, mais aussi Nice et Antibes.

• **Les Gaulois** occupent l'Aquitaine, la Celtique (Bourges, Sens, Langres, Paris, Gergovie en Auvergne, Besançon) et la Belgique (de la Seine au Rhin, y compris la Champagne et la Lorraine). Ils vivent de la culture et de l'élevage, se nourrissent de charcuterie, de laitage, de pain et boivent de la bière. Ils ont inventé les premières moissonneuses, le tonneau en bois et le savon, et fabriquaient d'excellentes épées.

• La conquête des Gaules par **Jules César** (58-52 av. J.-C.) met fin à l'indépendance de la Gaule. Elle est vaincue à cause de la désunion des peuples et de la mauvaise entente des partis et des chefs. Cette défaite et cette conquête vont donner naissance à une civilisation originale, **la civilisation gallo-romaine**, qui va fixer l'aspect latin de la France et de sa culture.

• Deux invasions importantes vont modifier le peuplement de la France aux Ve et VIe siècles. **Les Celtes** venus des îles Britanniques vont occuper la Bretagne et **les Francs**, peuple germanique, vont envahir la région parisienne. Ces derniers parviennent à conquérir la Gaule, repoussent les Arabes à la bataille de Poitiers en 732 et font couronner Charlemagne.

• Au IXe siècle, **les Vikings** venus du nord envahissent les villes portuaires (Rouen, Nantes, Paris) avant de s'installer en Normandie.

Cette diversité du peuplement explique le caractère complexe et contradictoire, les tensions internes, le culte des différences des Français.

■ Nos ancêtres les Gaulois…

Astérix le Gaulois.

Bien que le nom « France », après l'invasion des Francs, ait remplacé le nom « Gaule » pour nommer le pays, ce sont les Gaulois que la mythologie désigne comme les ancêtres des Français.
À l'époque de l'invasion romaine, les différentes tribus des Gaulois étaient désunies. Le chef gaulois Vercingétorix a défendu avec succès Gergovie contre les Romains mais il a été ensuite vaincu à Alésia. Son comportement héroïque devant Jules César à Alésia a créé le mythe de Vercingétorix, premier héros français, défenseur de sa patrie contre une invasion étrangère.
Ce mythe constitue le contexte des aventures d'Astérix, « petit guerrier à l'esprit malin et à l'intelligence vive », et de ses compagnons gaulois dans la série d'albums de bandes dessinées écrits par Goscinny et Uderzo.

■ Population : ils sont combien ?

La France compte aujourd'hui 58 millions d'habitants. Les grandes agglomérations urbaines sont : l'Île-de-France (10 925 400 habitants), Rhône-Alpes (5 634 000), Provence-Alpes-Côte d'Azur (4 494 000), Nord-Pas-de-Calais (3 990 000), Pays de Loire (3 218 000).

A C T I V I T É S

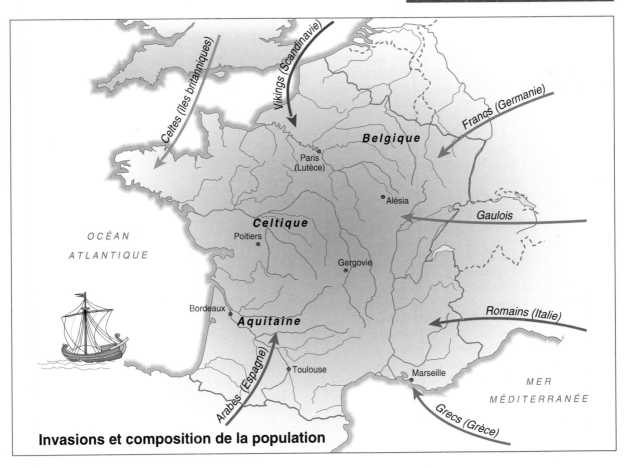

Invasions et composition de la population

1 Quel est l'ordre chronologique des invasions successives ?

_____

_____

2 L'écrivain Chateaubriand a écrit : « Fils aînés de l'Antiquité, les Français, romains par le génie, sont grecs par le caractère. » Quels événements historiques justifient cette remarque ?

_____

_____

3 Comment les origines diverses de la population française ont-elles influencé le caractère des Français ?

_____

_____

L'IDENTITÉ

Qu'est-ce qui fait qu'on est français ? Comment tant d'origines géographiques diverses, de peuplements, de coutumes, de cultures différentes ont-elles pu se transformer en une unité ?

On naît ou on devient français tout à la fois par la langue, par l'école, par le partage des **valeurs de la République** et de l'humanisme au nom des **droits de l'homme**, par le sang versé pour la nation.

Ce qui fait l'identité française, c'est donc **la volonté de vivre ensemble** d'hommes, de femmes venus de peuples, de langues, de traditions différentes, abandonnant leurs particularités, qui se fondent dans une identité plus vaste librement acceptée. Une identité qui n'est jamais totalement fermée aux étrangers ni à leurs façons d'être. Une France qui fait d'un immigré italien (Yves Montand) et d'une actrice née d'un père juif austro-polonais (Simone Signoret) son couple idéal, d'un enfant né juif polonais (Jean-Marie Lustiger) le cardinal archevêque de Paris, d'un Togolais (Kofi Yangnane) maire d'une commune bretonne, son ministre de l'Intégration…

La France « black, blanc, beur » célébrée à l'occasion de la Coupe du Monde de football, c'est cela : une France qui joue, travaille, se bat ensemble pour gagner.

Les Français se rassemblent aussi autour d'un certain nombre de **symboles** : la devise de la République « Liberté, Égalité, Fraternité », l'hymne *La Marseillaise*, le drapeau bleu blanc rouge ; tous ces symboles viennent de la Révolution française.

■ Les grandes familles de noms les plus fréquents

• *Origine germanique* : Bernard, Richard, Robert, Bertrand, Girard.
• *Origine biblique ou saints* : Martin, Thomas, Laurent, Simon, Michel.
• *D'après un nom de métier* : Leroy, Lefebvre, Fournier, Faure, Mercier.
• *D'après un lieu d'origine* : Dubois, Dupont, Fontaine, Duval, Dumont.
• *Surnoms* : Petit, Durand, Garcia, Moreau, Roux.

Devise de la République française.

L'identité française a aussi ses **lieux symboliques** : Versailles, Notre-Dame, l'Arc de triomphe, le Panthéon, le mur des Fédérés, Verdun, le mont Valérien, l'Académie française, la tour Eiffel. Enfin, elle a ses **lieux familiers** : la mairie, le clocher et le monument aux morts de chaque village de France.

■ Symboles républicains et fêtes nationales

• L'hymne national, *La Marseillaise*, a été composé en 1792 par le capitaine Rouget de Lisle pour motiver ses soldats contre les armées des souverains européens qui voulaient restaurer le pouvoir de Louis XVI. Cela explique les paroles guerrières de cet hymne qui encourage le peuple révolutionnaire à défendre l'indépendance de la nouvelle nation.
• **Le drapeau tricolore bleu blanc rouge,** devenu le drapeau français en 1789, symbolise l'union de la royauté (blanc) et du peuple (le bleu et le rouge du blason de la ville de Paris). Il devient en 1793 le drapeau de la République.
• **La fête nationale du 14 juillet** commémore la prise de la Bastille, le 14 juillet 1789, par les révolutionnaires. La prise de la Bastille signifie la fin du pouvoir absolu du roi et le triomphe des valeurs républicaines.

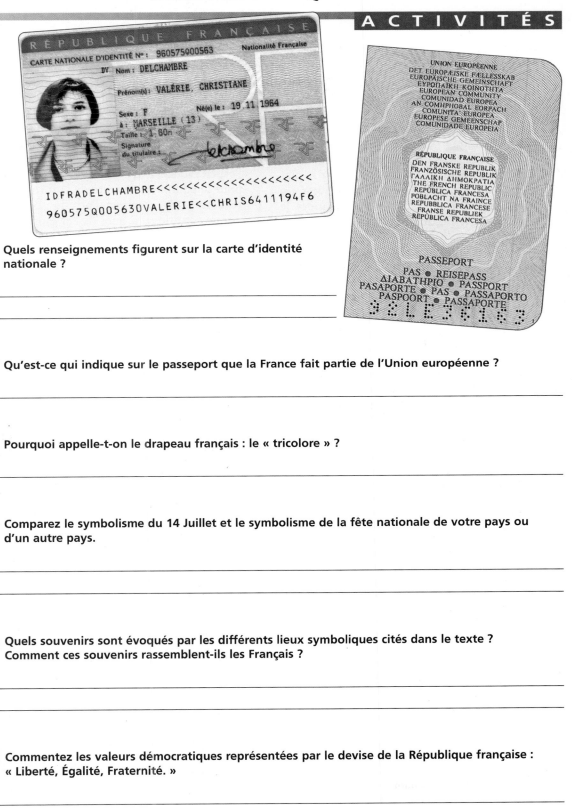

1 Quels renseignements figurent sur la carte d'identité nationale ?

_____

_____

2 Qu'est-ce qui indique sur le passeport que la France fait partie de l'Union européenne ?

_____

3 Pourquoi appelle-t-on le drapeau français : le « tricolore » ?

_____

4 Comparez le symbolisme du 14 Juillet et le symbolisme de la fête nationale de votre pays ou d'un autre pays.

_____

_____

5 Quels souvenirs sont évoqués par les différents lieux symboliques cités dans le texte ? Comment ces souvenirs rassemblent-ils les Français ?

_____

_____

6 Commentez les valeurs démocratiques représentées par le devise de la République française : « Liberté, Égalité, Fraternité. »

_____

_____

L'ESPRIT FRANÇAIS

Gens d'esprit, beaux esprits, trait d'esprit, mauvais esprit, formes de l'esprit... l'esprit est en France partout chez lui. En manquer est un défaut majeur. Rien à voir avec l'humour, lui, britannique.

L'esprit se caractérise par son organisation. Il a ses exercices et notamment la dissertation. L'école forme l'élève à avoir un esprit organisé. La réthorique a imposé le plan en trois parties (thèse, antithèse, synthèse) ; l'exposé juridique ou administratif préfère le plan en deux parties (constat, solutions). L'esprit exige donc la clarté et cultive la brièveté comme une politesse.

Son monde est le **débat d'idées** : du café à la soirée entre amis, du restaurant à l'émission de télévision, c'est le sport national préféré. Ici la forme, le sens de la formule, l'esprit de repartie comptent autant que le fond. L'esprit brillant l'emporte sur l'esprit profond : c'est peut-être cela qu'on appelle la superficialité française.

De l'esprit, les Français en mettent partout : dans l'arrangement de leurs jardins « à la française », dans l'urbanisme de leurs villes, dans leur goût pour la construction de **grands systèmes hiérarchisés**.

Mais c'est dans les **jeux avec les mots**, dans cet amour de l'utilisation de la langue, que se reconnaît le mieux l'esprit français : l'esprit rabelaisien, l'esprit voltairien, le goût pour le pamphlet, le culte de la forme courte comme la maxime, l'art du sonnet en poésie sont des marques de cet esprit.

Ce goût de la langue et des mots, on le retrouve jusque dans le titre des émissions de radio ou de télévision : *Apostrophe, Droit de réponse, Ça se discute, Si j'ose dire, Tire ta langue, Ripostes, Sans aucun doute...*

■ Traits d'esprit

• *linguistique* : « La langue française est le produit le plus parfait de notre tradition nationale » (Paul Claudel).

• *stratégique* : « En France où l'on brille par la parole, un homme qui se tait, socialement se tue. En Angleterre, où l'art de la conversation consiste à savoir se taire, un homme brille par son côté terne » (Pierre Daninos).

« Le secret d'ennuyer est celui de tout dire » (Voltaire).

• *philosophique* : « Rien n'est moins sûr que l'incertain » (Pierre Dac).

• *patriotique* : « Les résistants hésitent. Les hésitants résistent » (Eugène Ionesco).

« L'âme française est plus forte que l'esprit français et Voltaire se brise à Jeanne d'Arc » (Victor Hugo).

« Tous les Français aiment la France, c'est vrai, mais jamais la même » (Aimée de Coigny).

• *vengeur* : « Quand on est de Marseille, on est condamné à ne plus croire à rien » (Gaston Leroux).

• *orthographique* : « Le français est une langue à cédille » (Valère Novarina).

Esprit de la géométrie :
un jardin à la française (Villandry).

ACTIVITÉS

1 Quelles sont les principales caractéristiques de l'esprit français ?

2 Si vous avez vu un film comique français, vu ou lu une comédie, dites comment fonctionne cet humour.

3 Analysez les idées et les formes de l'esprit dans les citations ci-contre.

3 LES RÉGIONS

L'ÎLE-DE-FRANCE

Autour de Paris et de ses vingt arrondissements s'est développé un immense ensemble qu'on appelle aujourd'hui l'Île-de-France. Elle comprend : la banlieue ou **petite couronne** avec ses trois départements : la Seine-Saint-Denis, les Hauts-de-Seine, le Val-de-Marne ; la région parisienne avec les quatre départements qui constituent la **grande couronne** : le Val-d'Oise, les Yvelines, la Seine-et-Marne et l'Essonne. L'ensemble de ces départements, Paris compris, constitue la plus grosse agglomération d'Europe avec 10,9 millions d'habitants dont 2,2 millions à Paris.

La région parisienne conserve, malgré la régionalisation, un **poids économique** énorme. Elle concentre l'essentiel des pouvoirs de décision politiques, économiques, bancaires et boursiers.

L'Île-de-France est aussi le principal **centre intellectuel**, **culturel** et **scientifique** du pays : grandes écoles, universités, laboratoires de recherches, principales institutions culturelles, presse nationale, grands réseaux de radio publics et privés, chaînes de télévision y sont tous concentrés.

La Défense et sa Grande Arche, à l'ouest de Paris.

La région est également au centre d'un **réseau de transports** à dimension européenne : réseau d'autoroutes, réseau de TGV (train à grande vitesse), RER (réseau express régional), aéroport de Roissy font de la région parisienne un lieu d'interconnexion totale.

Avec ses **richesses touristiques** historiques (Versailles, Fontainebleau, Chantilly, Saint-Germain, Compiègne, Vaux-le-Vicomte, Chartres), ses parcs de loisirs (Disneyland, Astérix), ses infrastructures pour accueillir salons et congrès internationaux, et bien sûr l'attractivité de Paris, l'Île-de-France est la première destination touristique au monde.

◼ 93 : quelle banlieue !

La banlieue n'est pas seulement synonyme d'échec scolaire, de chômage ou de violence. Les habitants du 93 (Seine-Saint-Denis) le montrent tous les jours. Le 93 (ils disent le « neuf-trois ») est par excellence le lieu d'expression de la France black-blanc-beur.

C'est une **terre de champions** avec Wiltord, le footballeur champion d'Europe, Bourras, le judoka olympique, et, grâce au Stade de France, le lieu des exploits sportifs.

C'est aussi une **terre de mémoire** : la ville de Saint-Denis et les tombeaux des rois qui ont fait la France, mais aussi Drancy, première station sur le chemin de la déportation des Juifs (1942-44).

C'est également une incroyable **terre de culture** : capitale du raï et du rap avec le groupe NTM, capitale du jazz avec le festival Banlieues Bleues, terre choisie par de nombreux créateurs : Zingaro et son théâtre équestre, Decouflé et ses danseurs, Stanislas Nordey et ses expériences théâtrales. Le 93 accueille aussi l'université de Saint-Denis.

La télévision occupe aussi le terrain avec plus de vingt studios qui produisent les émissions vedettes de la télévision française dont le célèbre *Loft Story*. Des entreprises de luxe et de mode ont leur adresse dans le 93 : Hermès, Thierry Mugler, Cristofle, Kookaï, Redskins... sans parler des 350 entreprises liées aux technologies de l'information et de la communication. C'est sûr, quelque chose de la France de demain s'invente dans le 93, pardon, dans le « neuf-trois ».

A C T I V I T É S

1 **Pourquoi l'Île-de-France est-elle la région la plus urbanisée de France ?**

_____
_____
_____
_____
_____

75. Paris

La petite couronne :
92. Hauts-de-Seine : Nanterre
93. Seine-Saint-Denis : Bobigny
94. Val-de-Marne : Créteil

La grande couronne :
91. Essonne : Évry
78. Yvelines : Versailles
95. Val-d'Oise : Pontoise
77. Seine-et-Marne : Melun

2 **La première ligne de métro parisien a été inaugurée lors de l'Exposition universelle de 1900. Il y a aujourd'hui 16 lignes de métro, y compris Météor, première ligne entièrement automatisée (1998). La première ligne du RER, qui traverse Paris, a été mise en service en 1969. Le RER est un réseau de trains rapides qui, grâce à des correspondances avec le métro, relie Paris à la région parisienne.**

Vous arrivez à l'aéroport de Roissy-Charles-de-Gaulle, et vous devez aller chez des amis qui habitent à Versailles. Indiquez les lignes du RER que vous prenez et la station de correspondance.

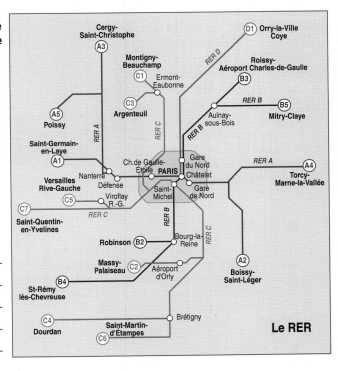

Le RER

_____
_____
_____
_____
_____

3 **Quels sont les avantages du RER pour les Parisiens et les Franciliens ?**

_____
_____
_____

4 **Pourquoi peut-on dire que l'Île-de-France est la première des 22 régions de France ?**

_____
_____
_____
_____

L'OUEST

Bretagne, Normandie, Pays de la Loire forment la région Ouest.

• **La Bretagne** est célèbre pour ses paysages, ses légendes celtes, sa culture en plein renouveau (Festival interceltique de Lorient). C'est une terre de marins avec de nombreux ports de pêche (Lorient, Douarnenez, Roscoff). Son agriculture et son élevage se sont beaucoup développés (légumes, porcs). L'industrie automobile, les télécommunications, la recherche océanographique, le tourisme (Saint-Malo, le Mont-

Falaises d'Étretat sur la côte normande.

■ À table

À l'Ouest, en Bretagne, les crêpes sucrées ou salées (galettes), en Normandie, le camembert et le cidre, dans les Pays de la Loire, les vins de Saumur et le biscuit nantais Le Petit LU sont parmi les spécialités gastronomiques de ces régions.

■ À voir

La Normandie comme la Bretagne ou les Pays de la Loire sont des pays de terre et d'eau.
• **La géographie touristique de la mer** est synonyme de ports (Dieppe, Le Havre, Cherbourg, Lorient, Brest, Saint-Nazaire et Nantes), de cités balnéaires (Étretat, Deauville, Cabourg, Dinard, La Baule, Les Sables-d'Olonne), de lieux synonymes d'aventures et de découvertes (Saint-Malo, Honfleur), d'îles (Bréhat, Belle-Île, Noirmoutiers, Yeux) et de mémoire (les plages du Débarquement).
• **La terre** offre ses légendes, ses mystères, ses beautés, son histoire (Carnac, Brocéliande, Rennes, Dinard, le Mont-Saint-Michel, Bayeux, Caen, Rouen, Angers, Saumur, Fontevraud).

Saint-Michel) et la balnéothérapie ont transformé la Bretagne pauvre en une région riche et dynamique. **Rennes** compte parmi les villes les plus performantes et les plus appréciées.

• **La Normandie**, avec ses célèbres paysages de bocage, reste une grande terre d'élevage, de production laitière et d'industrie agroalimentaire. **Rouen** et **Le Havre** sont les deux ports industriels dominés par la pétrochimie. Terre de villégiature pour les Parisiens (Deauville, Trouville, Honfleur, Étretat), c'est aussi une terre de mémoire avec les plages du Débarquement de la Seconde Guerre mondiale et le Mémorial de Caen.

• **Les Pays de la Loire** sont tournés vers la mer et bénéficient du dynamisme des deux grands ports, **Nantes** et **Saint-Nazaire**, principaux centres de construction navale et d'importation du pétrole. Ils attirent un tourisme nombreux grâce à leurs plages et à leur patrimoine historique (les célèbres châteaux de la Loire : Chambord, Chenonceaux…). Les activités tertiaires (assurances) y occupent une place importante.

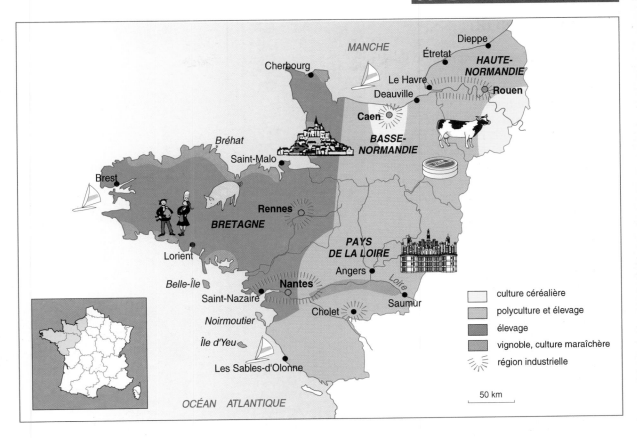

1 Faites le portrait de la région. Retrouvez dans le texte un ou plusieurs exemples qui illustrent chaque item ci-dessous.

Les paysages : _____

Les principales villes : _____

La vie économique : _____

L'agriculture : _____

L'industrie : _____

Les principaux sites touristiques

Sites naturels : _____

Sites historiques et culturels : _____

Les spécialités gastronomiques

À manger : _____

À boire : _____

2 Choisissez une attraction touristique et faites-en la présentation.

LE NORD

Le Nord, qui comprend le Pas-de-Calais, la Picardie, la région Champagne-Ardennes, est une terre très contrastée.

• **Le Nord** a perdu ses trois grandes sources de richesses : le charbon, la sidérurgie et le textile. Mais il en a gardé la mémoire avec le musée de la Mine à Lewarde et le musée du Textile et de la Vie sociale à Fourmies.

C'est une région en plein changement. Aujourd'hui, l'industrie du verre domestique (Arques), le commerce de la laine (Tourcoing) placent la région au premier rang mondial. Roubaix bénéficie du développement de la vente par correspondance (VPC) et Lille de sa situation de ville carrefour de l'Europe entre la Flandre, les Pays-Bas, l'Allemagne et la Grande-Bretagne grâce à l'Eurotunnel sous la Manche.

• L'agriculture est aussi une grande source de richesses : premier producteur mondial de chicorée et d'endives ; grosse production de céréales sur les plateaux de la Picardie et, autour de la ville de Reims, bien sûr **le vignoble de Champagne** et ses centaines de millions de bouteilles vendues chaque année dans le monde entier.

• Le Nord est aussi une région généreuse et chaleureuse. On y célèbre le carnaval comme nulle part ailleurs et les fêtes populaires et commerciales sont très nombreuses, telle la grande braderie de Lille.

Beffroi de l'hôtel de ville d'Arras.

■ À table

Les « bêtises » de Cambrai, au Nord, et surtout le champagne avec ses grandes maisons : Veuve Cliquot, Roederer, Taittinger, Heidsieck, Laurent-Perrier, Moët et Chandon font la réputation gastronomique de la région.

Et puis c'est à un enfant de la ville d'Arras, Charles de l'Écluse (1526-1609), que nous devons l'introduction de la pomme de terre en Europe.

■ À voir

• *Pour les croyants* : les grandes cathédrales de Beauvais, d'Amiens et de Reims.
• *Pour les amateurs d'abbayes et de châteaux* : Chantilly, Bagatelle, Compiègne, Prémontré.
• *Pour la mémoire* : le chemin des Dames, bataille meurtrière de la guerre de 1914-1918.
• *Pour les amateurs de paysages* : la baie de Somme.
• *Pour les citadins* : les beffrois d'Arras, Douai, Dunkerque, Béthune et bien sûr Lille.

A C T I V I T É S

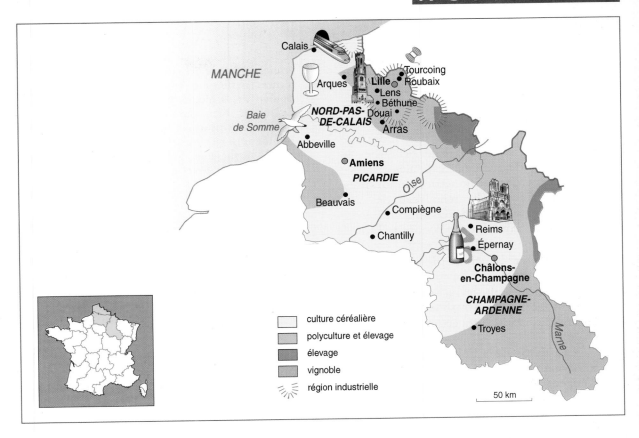

1 Faites le portrait de la région. Retrouvez dans le texte un ou plusieurs exemples qui illustrent chaque item ci-dessous.

Les paysages : _____

Les principales villes : _____

La vie économique : _____

L'agriculture : _____

L'industrie : _____

Les principaux sites touristiques

Sites naturels : _____

Sites historiques et culturels : _____

Les spécialités gastronomiques

À manger : _____

À boire : _____

2 Choisissez une attraction touristique et faites-en la présentation.

L'EST

L'Est regroupe quatre grandes régions historiques : la Lorraine, l'Alsace, la Bourgogne et la Franche-Comté.

Elles connaissent des destins différents.

• **La Lorraine** sort lentement de la crise industrielle liée à la fin des industries lourdes (fer, charbon). Elle bénéficie du dynamisme de ses deux capitales rivales : **Nancy** et **Metz**. Industries innovantes, industrie automobile, renouveau des arts industriels (verreries de Grironcourt, cristalleries de Saint-Louis, Baccarat, Daum) dessinent une nouvelle Lorraine.

• **L'Alsace** bénéficie de sa situation frontalière avec l'Allemagne, de sa riche agro-industrie (vin, bière, sucre) et de son rôle européen avec **Strasbourg** où se trouvent le Parlement européen et le Conseil de l'Europe.

• Le destin de la **Franche-Comté** est lié au dynamisme de l'industrie automobile (Peugeot) et des industries mécaniques et ferroviaires (Alsthom).

• Quant à la **Bourgogne**, elle continue à tirer sa richesse de son célèbre vignoble et des industries agroalimentaires qui lui sont associées. Ses vins prestigieux sont à l'origine de la création de la Confrérie du Tastevin et de la fameuse vente des Hospices de Beaune au mois de novembre.

■ À table

À l'Est, la célèbre quiche lorraine, la tarte aux prunes et la choucroute alsacienne, les vins blancs (riesling) d'Alsace, les escargots de Bourgogne, la moutarde et le pain d'épice de Dijon, et bien sûr les grands vins de Bourgogne (meursault, pommard) autour de Beaune ainsi que le célèbre fromage de Comté associé au vin jaune du Jura font la réputation gastronomique de cette région.

■ À voir

• On aime l'Alsace pour ses **jolis villages**, ses paysages de vignobles, la ligne bleue des Vosges, Strasbourg et sa cathédrale, Colmar et le retable d'Issenheim de Matthias Grünewald.

• La Lorraine est une terre de **vieilles rivalités** : rivalité architecturale et urbaine de Metz, ancienne capitale médiévale, et Nancy, capitale des ducs de Lorraine, avec sa place Stanislas (XVIIIe s.) et sa contribution à l'Art Nouveau ; les grands lieux de mémoire de la guerre 1914-18, Verdun, Douaumont, et aussi Domrémy où est née Jeanne d'Arc.

• La Bourgogne offre ses richesses architecturales de **style roman et gothique** : Autun, Auxerre, Beaune, Dijon, Fontenay.

• Quant à la Franche-Comté, on peut y admirer l'œuvre de trois architectes : les Salines royales d'Arc-et-Senans (Ledoux), la chapelle de Ronchamp (Le Corbusier), la citadelle de Besançon (Vauban).

Paysage de lacs et de forêts dans les Vosges.

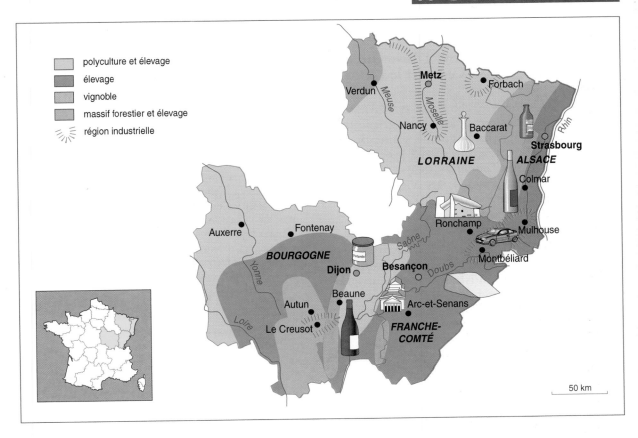

1 Faites le portrait de la région. Retrouvez dans le texte un ou plusieurs exemples qui illustrent chaque item ci-dessous.

Les paysages : _____

Les principales villes : _____

La vie économique : _____

L'agriculture : _____

L'industrie : _____

Les principaux sites touristiques

Sites naturels : _____

Sites historiques et culturels : _____

Les spécialités gastronomiques

À manger : _____

À boire : _____

2 Choisissez une attraction touristique et faites-en la présentation.

LE CENTRE

Le Centre comprend l'Auvergne, le Limousin, la région Centre et le Poitou-Charentes.

• Le Centre est d'abord une **terre d'agriculture et d'élevage**. Une terre d'agriculture avec les céréales de la grande plaine de la Beauce (blé, betterave à sucre), les cultures spécialisées de Touraine (fleurs, champignons, légumes, fruits), les vignobles de Touraine (saumur, bourgueuil) et le cognac charentais. Une terre d'élevage avec les spécialités du Limousin : le bœuf et le mouton.

• L'industrie est surtout concentrée en Auvergne avec les **usines de pneumatiques** Michelin et une **industrie pharmaceutique** à Clermont-Ferrand. Une certaine tradition artisanale autour de la porcelaine, du cuir et du textile survit avec difficulté. Toutefois, de nouveaux secteurs se développent comme la construction de bateaux de plaisance à **La Rochelle**.

• L'industrie des loisirs connaît une réussite spectaculaire à **Poitiers** avec le **Futuroscope**, parc d'attractions consacré

■ À table

Le Centre offre ses fromages (bleu d'Auvergne, fourme d'Ambert), sa viande avec la célèbre race limousine pour le bœuf, ses alcools avec le cognac, ses vins blancs (Sancerre).

■ À voir

• **Volcans et thermalisme** (Vichy, La Bourboule) valent un détour par l'Auvergne pour les amateurs d'excursions et pour les nostalgiques des villes de cure thermale.
• Ce sont les **églises romanes** qui guident les pas du voyageur en Limousin et en Poitou-Charentes (Saint-Savin, Talmont, Poitiers, Aulnay, Saint-Junien) ; il est vrai que le chemin de Compostelle passait un peu par là.

à l'image et aux innovations technologiques.

• **L'industrie touristique** réunit à la fois un tourisme culturel en Touraine, de sports de plage en Charentes (Les Sables-d'Olonne, La Baule), de randonnées à pied (balades dans le Massif central, escales du puy de Dôme et des volcans éteints) et de thermalisme (Vichy) en Auvergne.

Le port de La Rochelle sur la côte atlantique.

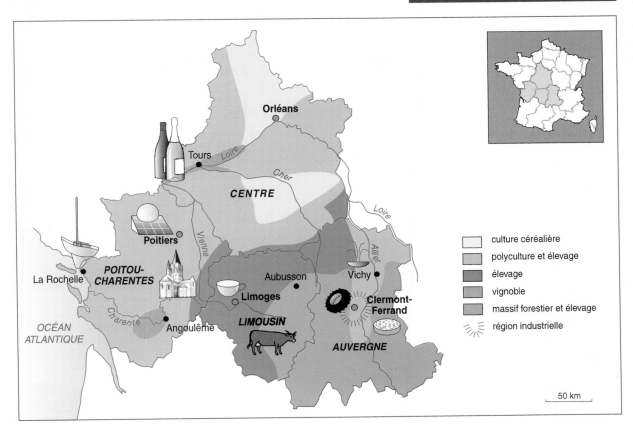

1 Faites le portrait de la région. Retrouvez dans le texte un ou plusieurs exemples qui illustrent chaque item ci-dessous.

Les paysages : _____

Les principales villes : _____

La vie économique : _____

L'agriculture : _____

L'industrie : _____

Les principaux sites touristiques

Sites naturels : _____

Sites historiques et culturels : _____

Les spécialités gastronomiques

À manger : _____

À boire : _____

2 Choisissez une attraction touristique et faites-en la présentation.

LE SUD-OUEST

Le Sud-Ouest regroupe les régions d'Aquitaine et de Midi-Pyrénées.

C'est une terre d'union. Elle réunit le passé de ses vieilles cités (Albi, Auch, Cahors, Pau, Sarlat) et le futur technologique ; les sommets et les cirques des Pyrénées (cirque de Gavarnie) et les vallées tranquilles (Dordogne, Adour) avec leurs châteaux et forteresses (bastides de l'Armagnac) ; la richesse de la nature (Parc national des Pyrénées, forêt des Landes, plateau du Larzac, gouffre de Padirac) et un patrimoine culturel très divers (grotte de Lascaux, nostalgie du Second Empire à Biarritz, pèlerinages populaires de Lourdes).

Deux capitales forment le cœur de ces régions, Bordeaux et Toulouse.

• **Bordeaux** est la capitale prestigieuse et riche de son passé (XVIIIe s.) d'une région essentiellement agricole où dominent la vigne et le maïs.

• **Toulouse**, la « ville rose », doit cette appellation à ses constructions en briques roses. Elle concentre l'essentiel des activités de sa région. Les plus importantes sont l'aéronautique (Airbus), l'aérospatiale (Ariane) et l'électronique. Elle regroupe aussi d'importants centres de recherches européens.

• La région des **Landes** avec ses forêts, les immenses plages de l'Atlantique, les possibilités de vacances sportives, connaît un développement touristique important.

■ À table

Le Sud-Ouest est le pays du foie gras, du confit de canard, du cassoulet toulousain et de l'omelette aux truffes. Les célèbres châteaux bordelais sont associés aux grands vins de Bordeaux (médoc, saint-émilion, graves...).

■ À voir

Le Sud-Ouest promène le visiteur entre vallées, mer et montagne.
• S'il suit les **vallées** de la Dordogne et de la Garonne, de l'Adour, du Pays basque ou du Gers, le voyageur croisera les belles cités d'Agen, de Périgueux, de Sarlat ou de Pau.
• L'amateur de **bord de mer** a le choix entre la côte de Biarritz, la plage du Pilat et la découverte des parcs à huîtres du bassin d'Arcachon.

Un berger avec ses moutons (Midi-Pyrénées).

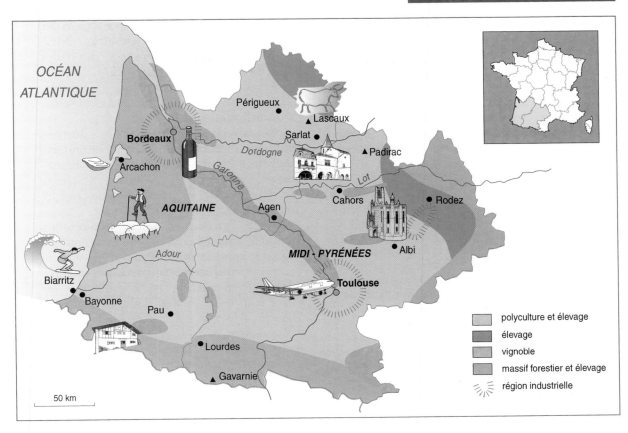

1 Faites le portrait de la région. Retrouvez dans le texte un ou plusieurs exemples qui illustrent chaque item ci-dessous.

Les paysages : _____

Les principales villes : _____

La vie économique : _____

L'agriculture : _____

L'industrie : _____

Les principaux sites touristiques

Sites naturels : _____

Sites historiques et culturels : _____

Les spécialités gastronomiques

À manger : _____

À boire : _____

2 Choisissez une attraction touristique et faites-en la présentation.

LE GRAND SUD

Le Grand Sud, de la région lyonnaise au Languedoc-Roussillon, en passant par la région Provence-Côte d'Azur et la Corse, est le deuxième pôle économique de la France. Ses avantages sont :

- sa **situation géographique**, lieu de passage obligé entre le sud et le nord de l'Europe ;

■ À table

Au Sud, la renommée gastronomique de Lyon et de sa région avec quelques-uns des plus célèbres restaurants de France (Bocuse, Troisgros, Blanc, Chapel) et la tradition des « mères », ces femmes cuisinières qui, comme « la mère Blanc », ont inventé la gastronomie française. Le saucisson à la lyonnaise, la volaille de Bresse, la fondue savoyarde, la bouillabaisse marseillaise, la ratatouille niçoise, les calissons d'Aix, le nougat de Montélimar, le roquefort des Cévennes, les vins du Beaujolais et du Côtes-du-Rhône assurent la réputation d'une gastronomie du quotidien et des jours de fête.

■ À voir

- À partir de **Lyon**, la capitale des Gaules, la région Rhône-Alpes offre ses stations de ski en hiver (Chamonix, Megève, Courchevel, Val-d'Isère), la poésie de ses lacs (Annecy, Bourget et Léman), le charme de ses petites cités (Pérouges, Vogüe) et ses grands espaces pour sportifs et randonneurs (Vanoise, Vercors, Ardèche).
- De la **Provence** et de la **Côte d'Azur**, on pourra préférer soit les vieilles cités d'Arles, d'Aix, des Baux ou d'Avignon ; soit la Méditerranée des peintres de Nice à Antibes, de Menton et Saint-Tropez ; soit la Provence d'écrivains tels que Giono et Pagnol, celle du Lubéron ou du Ventoux ou des Alpes-de-Haute-Provence ; soit enfin celle du tourisme de luxe à Cannes, Nice ou Monaco. Les amateurs des grands ports de la Méditerranée passeront obligatoirement par Marseille.
- Quant au **Languedoc-Roussillon**, on le visite soit en découvrant le Parc national des Cévennes et les gorges du Tarn ; soit en suivant l'itinéraire de ses villes de la côte (Montpellier, Sète, Narbonne, Perpignan) ou de l'intérieur (Nîmes, Carcassonne).

- le **dynamisme de ses grandes villes** (Lyon, Marseille, Grenoble, Nice, Montpellier) et du réseau de villes moyennes qui leur sont associées ;
- son **potentiel scientifique** (Grenoble, Nice) et universitaire (Lyon, Aix-Marseille, Montpellier) ;
- sa **diversité industrielle** (industries chimiques, pétrochimiques, métallurgiques, pharmaceutiques, aéronautiques, mécaniques, informatiques ; industries liées aux technologies de l'information et de la communication) ;
- une **agriculture à haut rendement** (cultures maraîchères et fruitières) et un vignoble en plein renouveau ;
- une **industrie touristique performante** grâce aux sports de montagne en hiver (ski) et en été (escalade, randonnées) dans les Alpes, aux plages ensoleillées de la Côte d'Azur et du Languedoc-Roussillon ; grâce aussi à la variété des paysages et à la richesse du patrimoine culturel.

Un champ de lavande en Provence.

ACTIVITÉS

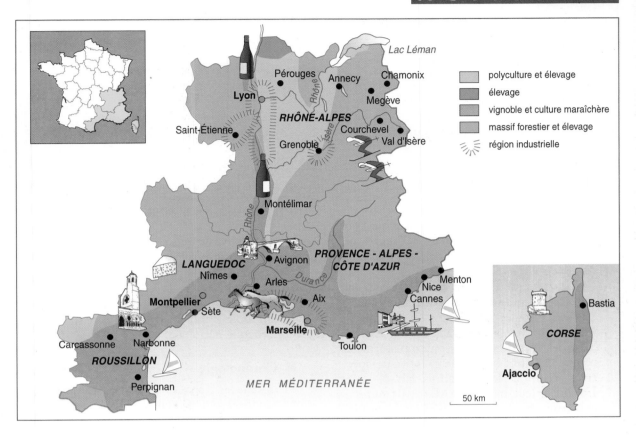

polyculture et élevage
élevage
vignoble et culture maraîchère
massif forestier et élevage
région industrielle

50 km

1 Faites le portrait de la région. Retrouvez dans le texte un ou plusieurs exemples qui illustrent chaque item ci-dessous.

Les paysages : _____

Les principales villes : _____

La vie économique : _____

L'agriculture : _____

L'industrie : _____

Les principaux sites touristiques

Sites naturels : _____

Sites historiques et culturels : _____

Les spécialités gastronomiques

À manger : _____

À boire : _____

2 Choisissez une attraction touristique et faites-en la présentation.

4

PARIS

HISTOIRE

Le palais du Louvre et les Tuileries (XVIIIᵉ siècle).

Les Romains l'avaient appelé **Lutèce**, mais c'est finalement son nom celte qui est resté, celui de ses premiers habitants, *les Parisii*.

Le destin de Paris est lié à ceux qui l'ont élu : Clovis en fait la capitale de son royaume en 508, Hugues Capet, sa résidence royale en 987.

Le destin de Paris est aussi lié à ceux qui ont été ses **grands bâtisseurs**. Henri IV a été son premier urbaniste : on lui doit le Pont-Neuf, les places Dauphine et Royale. Tous les rois, à sa suite, ont transformé la capitale. Ils ont ouvert de grandes perspectives comme les Champs-Élysées, les Invalides, le Champ-de-Mars ; ils ont fait construire de prestigieux bâtiments comme les Invalides, l'hôtel de la Monnaie, l'hôtel de Sully, l'École militaire et ont continuellement agrandi le palais du Louvre ; ils ont aussi fait réaliser des places avec de grands programmes immobiliers, telles la place des Vosges, la place Vendôme, la place des Victoires ou la place de la Concorde.

C'est Napoléon III et le baron Haussmann qui ont donné à Paris son visage actuel avec les **grands boulevards** et les grands parcs (bois de Boulogne et de Vincennes, Buttes-Chaumont, parc Monceau).

La IIIᵉ République a laissé la **tour Eiffel**, le Petit et le Grand Palais, le palais de Chaillot et le palais de Tokyo, et créé le **réseau du métro**.

La IVᵉ République a programmé le nouveau quartier de **La Défense** à l'ouest et réalisé le **boulevard périphérique** pour lutter contre les éternels embouteillages à l'intérieur de Paris.

Sous la Vᵉ République, seuls Georges Pompidou et François Mitterrand ont été des bâtisseurs pour Paris. Le premier a laissé le Centre Georges-Pompidou, appelé aussi **Beaubourg**. Le second a fait construire le nouveau musée du Louvre avec sa célèbre **pyramide** ; l'Arche de la Défense ; l'Opéra-Bastille ; le **parc de la Villette** avec la Cité des sciences, la Géode, la salle de concert du Zénith et la Cité de la musique. On lui doit enfin le nouveau site de la Bibliothèque nationale.

■ Chronologie

• Les Romains : conquête de la Gaule par Jules César (58-51 av. J.-C.) ; ils détruisent la puissance des Celtes et développent la civilisation gallo-romaine (Iᵉʳ s. av. J.-C.-Vᵉ s. ap. J.-C.).
• Sainte Geneviève (422-502), protectrice des habitants de Lutèce.
• Clovis (481-511), roi des Francs.
• Eudes (888-898), roi.
• Hugues Capet (987-996), roi.
• Philippe Auguste (1180-1223), roi.
• Charles V (1364-1380), roi.
• Henri IV (1589-1610), roi.
• Louis XVI (1774-1793), roi.
• Révolution française (1789-1799).
• Adolphe Thiers, ministre du roi Louis-Philippe (1830-1848).
• Napoléon III (1852-1870), empereur des Français.
• Baron Haussmann (1853-1870), préfet de la Seine.
• Troisième République (1871-1940).
• Quatrième République (1946-1958).
• Cinquième République (depuis 1958).
• Georges Pompidou (1969-1974), président de la République.
• Valéry Giscard d'Estaing (1974-1981), président de la République.
• François Mitterrand (1981-1995), président de la République.
• Jacques Chirac (1995), président de la République.

1 Retrouvez dans le texte la contribution faite au développement de Paris par les personnages historiques cités dans l'encadré ci-contre.

_____

_____

_____

2 Paris est célèbre pour ses avenues, boulevards et rues qui mènent à des places monumentales. Quels sont les exemples donnés dans le texte ? Situez-les sur un plan de Paris.

_____

_____

_____

3 Paris s'est développé de l'est vers l'ouest. Suivez ce développement à partir de la place des Vosges (appelée place Royale sous Henri IV) jusqu'à l'Arche de la Défense en passant par le Louvre et l'Arc de triomphe.
Commentez la chronologie de ce développement et dites pourquoi les touristes admirent cette grande perspective.

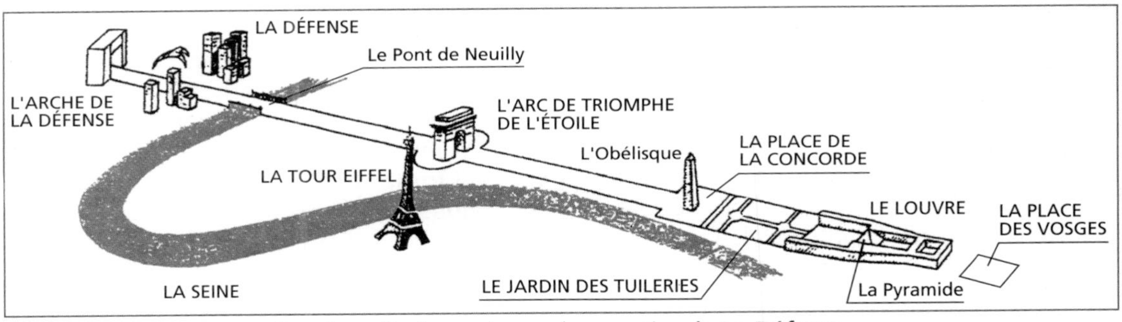

Du vieux Paris aux tours du quartier de La Défense.

_____

_____

_____

_____

_____

_____

4 Choisissez un des bâtiments prestigieux cités dans le texte. Quelle époque de l'histoire de Paris ce bâtiment illustre-t-il ? Quel attrait présente-t-il pour les visiteurs ?

_____

_____

_____

_____

QUARTIERS

La ville de Paris est peu étendue (80 km², 105 avec les bois), comparativement à Londres ou Berlin. Pourtant, à l'intérieur de cet espace restreint, la ville a découpé des espaces très spécifiques et facilement reconnaissables.

• C'est ainsi que **le Quartier latin**, avec les universités, les bibliothèques, les grandes écoles, les éditeurs, les cinémas d'art et d'essai, les cafés littéraires, concentre l'activité intellectuelle et culturelle.

• **L'île de la Cité**, avec la préfecture de police, le palais de justice, les tribunaux, l'austère Conciergerie, est le centre de l'activité juridique. Mais elle est aussi le lieu monumental de la vie religieuse avec Notre-Dame de Paris, associée à la plupart des événements importants de l'histoire de France.

• Sur **les grands boulevards**, de la place de la République à l'Étoile, se trouvent les énormes édifices des banques, des assurances, de la Bourse et des grands magasins : c'est le centre des affaires.

• Autour de la **place Vendôme**, de l'**avenue de l'Opéra**, du **faubourg Saint-Honoré** et de l'**avenue Montaigne** se situent les commerces du luxe, de la joaillerie, de la haute couture et de l'art.

• Avec ses restaurants, ses cafés à thèmes, ses cinémas, ses salles de spectacles, ses boutiques à la mode de jeunes créateurs, ses anciens ateliers d'artisans dédiés aujourd'hui à l'Internet, **la Bastille** est devenue

Le Café Charbon : un ancien atelier devenu bistro. La culture qui bouge dans les quartiers de l'est.

l'un des principaux espaces de loisirs de la capitale qui attire une population jeune venue de toute la région parisienne.

• **Les Champs-Élysées** rénovés forment d'abord une perspective unique entre le Louvre et La Défense. C'est une vitrine où toutes les grandes marques veulent être vues. L'essentiel de l'avenue est tourné vers la consommation, le tourisme et le loisir. C'est le lieu de rencontre de tous les étrangers de passage à Paris.

• La grande séparation, le grand combat aujourd'hui, c'est celui qui oppose **l'Est** et **l'Ouest** : bataille de créateurs, bataille économique, immobilière, culturelle, bataille des looks. D'un côté, les beaux quartiers, la culture patrimoniale, la vieille économie, les looks respectables ; de l'autre, l'habitat artisan et ouvrier réaménagé, la culture qui bouge, la nouvelle économie, les looks décalés, multiculturels, ethniques ou recyclés.

Le musée du Louvre et sa pyramide inaugurée en 1989.

A C T I V I T É S

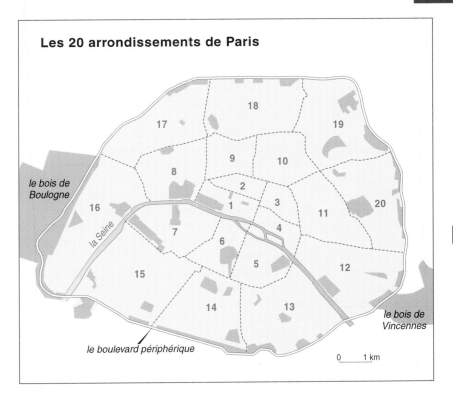

Les 20 arrondissements de Paris

le bois de Boulogne

la Seine

le bois de Vincennes

le boulevard périphérique

0   1 km

1 Situez sur
la rive gauche
ou sur la rive droite :
• **la Sorbonne (5e)**
• **Saint-Germain-des Prés (6e)**
• **les Invalides (7e)**
• **Montmartre (18e)**
• **Le Marais (4e)**
• **Auteuil-Passy (16e).**

2 Situez ces monuments sur l'Île de la Cité (Cité), la rive droite (RD) ou la Rive gauche (RG).

Monuments d'hier

Notre-Dame (1245) : _____

Invalides (1670) : _____

Arc de triomphe (1836) : _____

Tour Eiffel (1889) : _____

Palais de Chaillot (1937) : _____

Hôtel de Sully (1634) : _____

École Militaire (1760) : _____

Opéra de Paris (1874) : _____

Grand Palais (1900) : _____

Monuments d'aujourd'hui

Centre Georges-Pompidou (1977) : _____

La Géode (1985) : _____

Arche de la Défense (1989) : _____

Musée d'Orsay (1986) : _____

Pyramide du Louvre (1989) : _____

Bibliothèque nationale de France (1995) : _____

3 Pourquoi les visiteurs de Paris veulent-ils voir l'Île de la Cité ?

_____

_____

_____

_____

FONCTIONS

Paris est une ville globale. C'est un statut qu'elle partage avec Londres, New York et Tokyo. Au centre de la plus grande agglomération urbaine d'Europe, elle apparaît toujours plus comme un centre de richesses, une capitale financière et boursière, un centre de création technologique, culturelle et intellectuelle.

• **Capitale politique et administrative**, Paris concentre l'essentiel du pouvoir : présidence de la République, gouvernement, Parlement, Conseil d'État, Conseil constitutionnel, Cour de cassation, Conseil de la magistrature, centrales syndicales et instances patronales, Conseil économique et social...

• **Capitale économique et financière**, Paris abrite les principaux centres de décision industriels (Totalfina-Elf, Vivendi-Universal, France Telecom, Renault, Alcatel...), les sièges des grandes banques (BNP-Paribas, Crédit Agricole, Société Générale, Crédit Lyonnais), des sociétés d'assurances (Axa...), la Bourse.

• **Capitale culturelle et intellectuelle**, Paris regroupe les éditeurs, les journaux, hebdomadaires et les magazines nationaux, les grandes institutions culturelles patrimoniales (musées du Louvre, d'Orsay, Centre Pompidou, Comédie-Française, Opéra et Ballet national, orchestres symphoniques), l'Institut de France avec l'Académie française... Dix universités, la plupart des grandes écoles (ENA, Polytechnique, École des mines, École centrale, Ponts-et-Chaussées, École nationale des beaux-arts), les centres de recherches dont le CNRS (Centre national de la recherche scientifique), le Collège de France assurent la prééminence de Paris dans la formation des élites du pays et la diffusion de la pensée.

• **Capitale médiatique**, Paris abrite les grands groupes de médias, les chaînes de télévision et de radio, les studios de cinéma, les agences de presse (AFP), les agences de photos, les principaux opérateurs de l'Internet.

• **Capitale internationale**, elle est le siège des ambassades de 140 pays, mais aussi d'organismes comme l'UNESCO, l'OCDE, le Secrétariat général de la Francophonie...

Le palais de l'Élysée, résidence officielle du président de la République.

1 **Comment les différentes fonctions sont-elles évidentes dans les bâtiments et les monuments de la capitale ? Donnez des exemples pour chaque fonction :**

• Capitale politique et administrative : le palais de l'Élysée _____

_____

_____

• Capitale économique et financière : la Bourse _____

_____

_____

• Capitale culturelle et intellectuelle : le Centre Georges-Pompidou _____

_____

_____

• Capitale médiatique : la Maison de la radio _____

_____

_____

• Capitale internationale : l'UNESCO _____

_____

_____

2 **À votre avis, pourquoi Paris est-il l'une des principales destinations touristiques du monde ? Donnez des exemples.**

_____

_____

_____

_____

_____

_____

_____

_____

_____

_____

5

L'ÉTAT-NATION

DATES ET FAITS

Il existe une histoire partagée par la plupart des Français.

• Parmi ces dates, on retiendra **le peuplement par les Gaulois**, indisciplinés, divisés et résistants, **la conquête romaine** de la Gaule par Jules César entre 58 et 51 avant J.-C. et le développement de la civilisation gallo-romaine : les villes d'Arles et de Nîmes ont encore des monuments de cette période.

• Avec **les Francs** et **Clovis** (496), le royaume a un nom, la France, une capitale, Paris, et il devient royaume chrétien.

• **Charlemagne** (800) avec son Empire réalise **l'union** politique, religieuse et culturelle de l'Europe : l'idéal des Européens d'aujourd'hui.

• 987 est une date importante : avec **Hugues Capet**, roi de France, c'est le début de construction de **l'État-nation** qui se poursuivra jusqu'à la Révolution française.

• 1431 : **Jeanne d'Arc** est brûlée à Rouen ; **la guerre de Cent Ans** (1346-1452) a fabriqué pour plusieurs siècles un ennemi héréditaire, les Anglais.

• 1515 : **François I**ᵉʳ, vainqueur à Marignan, réalise le rêve italien de la France. Le voyage dans l'Italie de la Renaissance devient le voyage de formation nécessaire.

• 1610 : avec l'assassinat d'**Henri IV**, après **les guerres de Religion** (1572-1593) et **l'édit de Nantes** (1598), c'est l'unité nationale toujours en construction qu'on assassine.

• Le XVIIᵉ siècle est le siècle de **Louis XIV**, synonyme de l'affirmation du **pouvoir de l'État**. « L'État, c'est moi », a déclaré le Roi-Soleil.

• 1789 : **la Révolution française**, c'est la prise de la Bastille (14 juillet), la *Marseillaise*, Valmy (1792) et le peuple en armes, la mort du roi par la guillotine (1793) et la Terreur (1794).

• 1800-1815 : **l'épopée de Napoléon**. L'Empereur, le Code civil, Austerlitz, la retraite de Russie et Waterloo.

• 1870 : **la défaite contre la Prusse**, la perte de l'Alsace-Lorraine, la **Commune de Paris**, et un nouvel ennemi héréditaire, l'Allemagne.

• La IIIᵉ République (1870-1940) : c'est le temps de **l'école laïque**, obligatoire et gratuite, mais aussi de **l'empire colonial**.

• 1914-1918 et 1939-1945 : **les deux guerres mondiales**. Beaucoup de morts, de destructions, de trahisons, de courage aussi. La fin de la domination des puissances européennes.

• 1940 : **la défaite**, la collaboration avec l'Allemagne nazie, mais aussi l'appel du 18 juin et **la Résistance** autour du général de Gaulle.

• 1958 : le retour du général de Gaulle au pouvoir, la Vᵉ République, **l'indépendance des colonies**, le renouveau de la France et **la construction européenne**.

• 1981 : **la gauche** arrive au pouvoir. C'est le début de l'alternance gauche/droite.

• 2002 : **l'intégration européenne**. Le franc est remplacé par l'**euro**, monnaie unique européenne.

Plantation d'un arbre de la liberté pendant la Révolution *(Le Sueur).*

1 Quel événement historique a eu lieu aux dates suivantes :

987 : _____

1610 : _____

1789 : _____

1870 : _____

1940 : _____

1958 : _____

2 Aujourd'hui, qu'est-ce qui rappelle aux Français la civilisation gallo-romaine ?

_____

_____

3 Symboliquement, quel rapprochement peut-on faire entre l'empire de Charlemagne et la construction de l'Union européenne ?

_____

_____

4 Quel peuple a donné son nom à la France ?

_____

5 Quelle héroïne française a été victime de la guerre de Cent Ans ?

_____

6 Quelle déclaration du roi Louis XIV proclame le pouvoir de l'État ?

_____

7 Quelle chanson patriotique est associée à la Révolution française ?

_____

8 Sous quelle République la France a-t-elle établi son empire colonial ?

_____

9 Qu'est-ce qui a remplacé en 2002 la monnaie nationale, le franc ?

_____

PERSONNAGES

Quarante rois, deux empereurs, vingt et un présidents de la République, sans compter les figures de la Révolution et les ministres éclairés, ont assuré la continuité de l'histoire de la France. Tous n'ont pas eu le même rôle. Certains ont été conquérants, visionnaires ou résistants, d'autres ont été bâtisseurs ou gestionnaires.

• Aux **visionnaires** on doit une certaine idée de la France, de sa place dans l'Europe, de son rôle dans l'organisation des relations internationales. Charlemagne, Napoléon, Aristide Briand, Charles de Gaulle, Jean Monnet ont été ces visionnaires.

• Les **résistants** ont été les hommes et les femmes des situations désespérées : Vercingétorix contre l'invasion romaine, Jeanne d'Arc contre l'envahisseur anglais, de Gaulle contre l'acceptation de la défaite.

• Les **bâtisseurs** sont ceux qui ont fait la France : ils ont agrandi patiemment son territoire, lutté contre les hommes qui ne reconnaissaient pas leur pouvoir, assuré la paix, la justice et l'unité, créé les institutions. Hugues Capet, Philippe Auguste, Saint Louis, Louis XI, Henri IV, Louis XIV, Mirabeau, Danton, Robespierre, Marat, Napoléon, Gambetta, Thiers, Blum, de Gaulle ont été ces bâtisseurs.

Statue du roi Henri IV à Paris.

• Les **gestionnaires** ont eu la charge de la continuité de l'État, de la modernisation et de la bonne administration du pays et de son économie. Du Guesclin, Sully, Richelieu, Mazarin, Turgot, Necker, Jules Ferry, Poincaré, Clemenceau, Pinay, Mendès France ont été ces hommes-là.

• Enfin, il y a les **constructeurs**, ceux qui ont aussi laissé une trace à travers les monuments qu'ils ont fait bâtir : François Ier et les châteaux de la Loire, Louis XIV et Versailles, Napoléon III et Paris, François Mitterrand et ses grands travaux (Louvre, Bibliothèque de France, Arche de la Défense, Opéra-Bastille).

Libération de Paris : le général de Gaulle descend les Champs-Élysées (26 août 1944).

ACTIVITÉS

1 Faites correspondre les cinq « visionnaires » cités et le destin de l'Europe.

• Au début du IXe siècle : _____

• Au début du XIXe siècle : _____

• Entre 1925 et 1932 : _____

• Entre 1940 et 1944 : _____

• Pendant les années 1950 : _____

2 Contre quelle armée étrangère ayant envahi la France Vercingétorix et Jeanne d'Arc ont-ils résisté ?

_____

3 Relevez parmi les « bâtisseurs » cités : trois rois ; deux révolutionnaires ; deux présidents.

_____

_____

_____

_____

4 Associez Richelieu, Necker, Jules Ferry, Clemenceau et Mendès France aux fonctions de « gestionnaire » suivantes.

• La création (1881-1882) de l'école primaire gratuite, laïque et obligatoire : _____

• L'administration du royaume du roi Louis XIII : _____

• La fin de la Première Guerre mondiale et le traité de Versailles (1919) : _____

• La réforme de la situation financière de la France avant la Révolution de 1789 : _____

• La fin de la guerre d'Indochine (1954) : _____

5 Qui sont les « constructeurs » associés :

• au château de Versailles : _____

• à la Bibliothèque de France : _____

• aux châteaux de la Loire : _____

6 Quel empereur « constructeur » est associé à l'urbanisme et à la modernisation de Paris au XIXe siècle ?

_____

DES VALEURS PARTAGÉES

Comment tient ensemble tant de diversité ? Par la volonté exprimée de vivre ensemble d'hommes et de femmes venus de peuples, de langues et de traditions différentes. Ils ont choisi d'abandonner leurs particularités et de se fondre dans une identité plus vaste qu'ils ont librement acceptée. C'est ce qui fait la nation française.

Les valeurs qui les unissent viennent de la **Déclaration des droits de l'homme et du citoyen** (1789). Elle garantit les libertés fondamentales de l'individu : liberté physique, de conscience, de culte, d'expression, d'association et de réunion. Elle rappelle les droits politiques, économiques et sociaux des individus.

Les Français sont également très attachés au **rôle de l'État**. L'Histoire a construit un État fort en même temps que se construisait la nation. Aujourd'hui, la construction européenne et la mondialisation amènent à repenser le rôle de l'État ; elles imposent de le réformer. Cette réforme est très difficile à réaliser.

De 1789 à 1968, l'histoire de France donne l'impression de ne pouvoir avancer

La Déclaration des droits de l'homme et du citoyen (1789).

que par **révolutions**, **révoltes**, **changements de régime politique**… En deux siècles, la France aura connu trois révolutions, cinq républiques, deux empires, une monarchie constitutionnelle, un régime d'exception (Vichy)…

Elle aura connu aussi plusieurs **guerres civiles** qui auront opposé des Français à d'autres Français : la Terreur sous la Révolution, la Commune de Paris (1871), la Résistance contre le régime de Vichy.

Cependant depuis 1870, exception faite de l'Occupation (1940-1944), la **République**, avec sa devise « Liberté, Égalité, Fraternité », est le régime qui exprime le mieux le gouvernement idéal des Français. Elle est liée par la **Révolution française** à l'idée de nation. Elle doit favoriser l'épanouissement de l'individu et garantir le progrès.

■ La France vue par…

Fernand Braudel

« Toute nation est divisée […]. Mais la France illustre trop bien la règle : protestants contre catholiques, jansénistes contre jésuites […], républicains contre royalistes, droite contre gauche, dreyfusards contre antidreyfusards, collaborateurs contre résistants… La division est dans la maison française, l'unité n'est qu'une enveloppe, une superstructure, un pari. »
Fernand Braudel, *L'Identité de la France*, Arthaud-Flammarion, 1989.

A C T I V I T É S

1 En vous rappelant que cette Déclaration marque la fin de la monarchie absolue, recherchez dans les deux articles cités les nouveaux principes de liberté et d'égalité et les valeurs démocratiques qui remplacent le pouvoir absolu du roi et les privilèges de l'aristocratie.

_____

_____

_____

_____

_____

_____

> **Déclaration des droits de l'homme et du citoyen de 1789**
>
> **Article premier.** — Les hommes naissent et demeurent libres et égaux en droits. Les distinctions sociales ne peuvent être fondées que sur l'utilité commune.
>
> **Art. 6.** — La loi est l'expression de la volonté générale. Tous les citoyens ont droit de concourir personnellement, ou par leurs représentants, à sa formation. Elle doit être la même pour tous, soit qu'elle protège, soit qu'elle punisse. Tous les citoyens, étant égaux à ses yeux, sont également admissibles à toutes dignités, places et emplois publics, selon leur capacité, et sans autre distinction que celle de leurs vertus et de leurs talents.

2 Associez les dates citées et les régimes politiques : trois révolutions ; cinq républiques ; deux empires ; une monarchie constitutionnelle ; le régime de Vichy.

• 1789 ; 1830 ; 1848 : _____

• 1830-1848 (le roi Louis-Philippe) : _____

• 1804-1815 (Napoléon Ier) ; 1852-1870 (Napoléon III) : _____

• 1940-1944 : _____

• 1792-1804 ; 1848-1852 ; 1870-1940 ; 1944-1958 ; depuis 1958 : _____

3 À partir de l'encadré ci-contre, dites pourquoi les Français étaient divisés pendant :

• les guerres de Religion (1572-1593) : _____

_____

• les révolutions de 1789, 1830 et 1848 : _____

_____

• la condamnation à tort pour espionnage et la réhabilitation d'Alfred Dreyfus (1894-1906) : _____

_____

• la Seconde Guerre mondiale (1940-1944) : _____

_____

4 Quelles valeurs partagées sont exprimées par la devise de la République ?

_____

_____

6 UN PAYS EN RÉVOLUTION

LA RÉVOLUTION FRANÇAISE

La Révolution française a été un bouleversement total. C'est l'événement qui a le plus marqué les esprits à travers le monde. **Mouvement de libération** et dictature, fête et terreur, révolution bourgeoise et mouvement populaire, la Révolution française contient **toutes les formes de révolutions** qui ont suivi jusqu'à aujourd'hui.

Entre 1789 et 1799, elle est marquée par une série d'**événements spectaculaires** parmi lesquels on retient : la prise de la Bastille (14 juillet 1789), l'abolition des privilèges (4 août 1789), la Déclaration des droits de l'homme et du citoyen (26 août 1789), la victoire de l'armée de la nation à Valmy (20 septembre 1792), l'exécution de Louis XVI (21 janvier 1793), la Terreur (1793-1794), les campagnes d'Italie et d'Égypte (1796-1799), le coup d'État du 18 brumaire (9 novembre) 1799 dirigé par Napoléon Bonaparte qui met fin à la Révolution.

La Révolution française a favorisé l'arrivée d'**hommes nouveaux** qui ont fait l'histoire de cette période : La Fayette, Mirabeau, l'abbé Grégoire, Condorcet, Carnot, Robespierre, Danton, Marat, Saint-Just, Babeuf, Barère, Sieyès, Barras et bien sûr Napoléon Bonaparte.

De la Révolution française, il reste un certain nombre de **symboles** : le drapeau bleu blanc rouge, la *Marseillaise*, la devise de la République, « Liberté, Égalité, Fraternité », et le découpage de la France en départements.

C'est avec la Révolution française qu'est née l'idée d'une France synonyme de Progrès, où le message « Liberté, Égalité, Fraternité » guiderait tous les peuples et étendrait les principes de la Révolution française à l'ensemble du monde.

Prise de la Bastille (1789) : l'événement le plus symbolique de la Révolution française.

ACTIVITÉS

1 Quel événement en 1789 est considéré comme le commencement de la Révolution française ?

_____

2 Quelle est l'importance, dans l'histoire de la Révolution, de l'exécution par la guillotine du roi Louis XVI et de la reine Marie-Antoinette en 1793 sur la place de la Révolution (aujourd'hui place de la Concorde) à Paris ?

_____

_____

3 Quel événement en 1799 marque l'arrêt de la Révolution ?

_____

4 Parmi les « hommes nouveaux » cités :

Qui a participé à la guerre de l'indépendance en Amérique ? _____

Quel est le prêtre qui a fait voter l'abolition de l'esclavage ? _____

Quels sont ceux qui ont joué un rôle déterminant pendant la Terreur (1793-1794) ? _____

Qui a participé avec Napoléon au coup d'État de 1799 pour imposer un pouvoir fort ? _____

_____

5 Quels symboles de la France d'aujourd'hui datent de la Révolution ?

_____

_____

6 Comment la Révolution a-t-elle modifié l'administration de la France ?

_____

_____

7 Pourquoi la Révolution française a-t-elle inspiré d'autres mouvements de libération à travers le monde ?

_____

_____

_____

_____

MAI 1968

En mai 1968, **le général de Gaulle** est depuis dix ans au pouvoir : il a mis fin à la guerre d'Algérie, donné à la France de nouvelles institutions qui garantissent la stabilité politique, relancé l'économie, participé activement à la construction européenne, rétabli le prestige international de la France.

Et pourtant, la France va connaître un sociodrame unique dans l'histoire contemporaine : comment un **mouvement étudiant** (semblable à ceux de Berkeley, de Berlin ou de Mexico) d'abord anecdotique va se transformer en **mouvement revendicatif révolutionnaire**, entraîner la classe ouvrière dans une grève de cinq semaines et déstabiliser le pouvoir politique.

De Mai 1968, il reste surtout une série d'images en noir et blanc : les **barricades du Quartier latin** ; l'immense défilé populaire du 13 mai ; l'occupation de la Sorbonne ; Daniel Cohn-Bendit face aux CRS ; la France privée d'essence ; les usines occupées comme en 1936 ; le président et le Premier ministre absents, en voyage officiel ; le voyage secret du général de Gaulle à Baden-Baden ; les négociations sociales de la rue de Grenelle avec Georges Pompidou ; le contre-défilé gaulliste avec André Malraux à sa tête ; l'essence retrouvée et le départ en week-end de la Pentecôte...

Les événements de 1968 ont surtout marqué **la fin du gaullisme**, l'apparition d'une autre France, de nouvelles générations nées après la Seconde Guerre mondiale et décidées à prendre leur part de pouvoir et d'initiatives. Ce sont ces générations qui sont aujourd'hui au pouvoir.

■ L'esprit de Mai

De Mai 1968, il reste aussi un certain nombre de slogans, ce qu'on a appelé « l'esprit de mai » : « L'imagination prend le pouvoir » ; « Prenez vos désirs pour des réalités » ; « Il est interdit d'interdire » ; « Soyez réalistes, demandez l'impossible » ; « Sous les pavés, la plage » ; « Je suis marxiste, tendance Groucho » ; « Cours camarade, le vieux monde est derrière toi » ; « Plus je fais la révolution, plus j'ai envie de faire l'amour » ; « Nous sommes tous des Juifs allemands » ; « Cache-toi, objet » ; « Assez d'actes, des mots. »
Et puis ces mots du général de Gaulle : « La récréation est terminée : la réforme, oui, la chienlit, non ! »

Conflit entre générations en mai 1968 : un slogan provocateur.

1 Énumérez les succès politiques du général de Gaulle pendant les dix premières années de sa présidence sous la Ve République (1958-1968).

_____

_____

_____

2 En mai 1968, qu'est-ce qui a bouleversé la paix sociale et la stabilité politique ?

_____

_____

3 Regroupez sous les trois rubriques indiquées les éléments suivants :

la Sorbonne ; les usines occupées ; le général de Gaulle ; le Quartier latin ; les grèves ; Georges Pompidou (Premier ministre) ; Daniel Cohn-Bendit (leader du mouvement étudiant) ; les usines Renault ; Jean-Paul Sartre (intellectuel de gauche) ; André Malraux (ministre gaulliste) ; les CRS (policiers spécialisés dans le contrôle des manifestations) ; les négociations sociales (augmentation de salaires et participation des travailleurs aux décisions).

Les manifestations des étudiants	La classe ouvrière	Le pouvoir politique et les forces de l'ordre

4 Qu'est-ce qui a permis aux gens de partir en voiture pour le week-end de la Pentecôte afin de retrouver le calme à la suite d'un mois de manifestations, de défilés et après une grève générale qui a provoqué la pénurie d'essence ?

_____

_____

5 Qu'est-ce qui a changé en France après Mai 1968 ?

_____

_____

_____

_____

7 LA FRANCE MODERNE

D'UNE GUERRE À L'AUTRE

Trois guerres (1870-1871, 1914-1918, 1939-1945) vont faire et défaire le destin de la France moderne.

La guerre de 1870 et la défaite contre la Prusse, la répression sanglante de la Commune de Paris permettent à la **République** de devenir le régime politique définitif dans lequel se reconnaissent les Français.

Entre 1871 et 1914, la France est obsédée par la défaite et ne pense qu'à la revanche. La revanche souhaitée contre le Reich victorieux conduit à un immense effort dans les domaines de l'éducation, de l'industrie et de la recherche, et à une politique extérieure conquérante. L'école laïque, gratuite et obligatoire, la naissance d'un grand capitalisme industriel, le pari de la recherche (Pasteur, Pierre et Marie Curie), le choix de l'innovation (électricité, automobile, aviation), la constitution d'un immense empire colonial illustrent la volonté française de **rattraper** et de **devancer l'Allemagne**.

La guerre de 1914-1918, malgré la victoire finale, laisse la France dans un **état effrayant** : 1,4 million de morts ou disparus, 3 millions de blessés, tous jeunes, tous les groupes sociaux touchés (intellectuels, ouvriers et paysans, professions libérales), des dégâts considérables dans les dix départements du nord de la France qui ont subi toute la guerre.

L'entre-deux-guerres est marquée par un rapide **redressement économique jusqu'en 1929**, par le sentiment que le monde ne sera plus jamais comme avant (comme en témoigne l'art de l'époque), par une crise de confiance dans le capitalisme avec **le krach de 1929**, par une aspiration profonde aux changements sociaux qui aboutit au **Front populaire** (1936), et par une perte de confiance dans la démocratie à la suite de la montée et du **triomphe des totalitarismes** en Italie, en Allemagne, en Espagne et en URSS.

La défaite de juin 1940 illustre une France qui n'a pas su maîtriser les conséquences de sa victoire de 1918. De 1940 à 1945, elle va connaître une des plus graves crises de son histoire : la défaite, l'**Occupation**, l'humiliation, la misère, le pillage de ses ressources, la **Collaboration** et la division. De Gaulle, la **résistance intérieure et extérieure** la sauveront de la catastrophe et permettront sa reconstruction.

*Monument aux morts
des deux guerres mondiales.*

1 Quel régime politique remplace le Second Empire de Napoléon III après la défaite contre la Prusse en 1870 ?

2 Après la signature du traité qui impose des conditions très dures à la France vaincue, quelle est l'attitude de cette dernière envers l'Allemagne ?

3 Comment le chimiste Louis Pasteur et les physiciens Pierre et Marie Curie ont-ils contribué à la gloire de la France ?

4 Quel pays a envahi la France en 1914 et en 1940 ?

5 Quelle conséquence la Première Guerre mondiale a-t-elle eue pour la population française ?

6 En observant la photo ci-contre, dites comment la France se souvient de cette guerre sanglante.

7 Pourquoi la limitation de la semaine de travail à 40 heures et l'introduction de congés payés annuels de 15 jours pour tous les travailleurs par le gouvernement du Front populaire en 1936 ont-elles été des réformes sociales si importantes ?

8 Comment les Français ont-ils réagi à l'occupation de la France par les nazis pendant la Seconde Guerre mondiale ?

L'EMPIRE COLONIAL

Le musée des Arts d'Afrique et d'Océanie à Paris.

La construction d'un grand empire colonial est liée à la défaite de 1870. L'expansion coloniale a pour objectif de **rendre sa puissance à la France**, de lui procurer les matières premières qu'elle n'a pas, d'assurer pour sa production de nouveaux marchés, de constituer un réseau de bases navales dans le monde entier qui garantissent le contrôle des itinéraires essentiels à son essor.

L'**Afrique du Nord**, l'**Afrique subsaharienne**, le **Moyen-Orient**, l'**océan Indien**, l'**Extrême-Orient** forment un empire de 10 millions de km² peuplé de 50 millions d'habitants.

Avec cet empire, la France est la deuxième **puissance coloniale** du monde après le Royaume-Uni. Elle défend ses intérêts en prenant le prétexte d'une mission civilisatrice, « porter partout sa langue, ses mœurs, son drapeau, ses armes et son génie ».

Littérature (Pierre Loti, Pierre Benoît), chansons légères (*Mon légionnaire*), cinéma (*Pépé le Moko*), revues de music-hall (Joséphine Baker et la Revue Nègre), grandes expositions coloniales illustrent le rêve colonial français.

De la colonisation française, il reste une forme d'urbanisme (Vieux Carré à La Nouvelle-Orléans) et d'architecture qu'on retrouve de Tahiti au Viêtnam ou à Madagascar : l'église, le palais du gouverneur, les immeubles administratifs copiés sur le modèle français ou adaptés aux traditions locales.

Les volontés d'**indépendance** dans les colonies après la Seconde Guerre mondiale obligent la France à renoncer à cet empire soit de manière pacifique, soit après deux guerres (Indochine et Algérie) qui ont profondément divisé les Français.

La **coopération** politique et militaire avec les anciens pays colonisés, l'aide au développement, le dialogue Nord-Sud, l'organisation de la Francophonie sont les nouvelles formes de l'action internationale de la France.

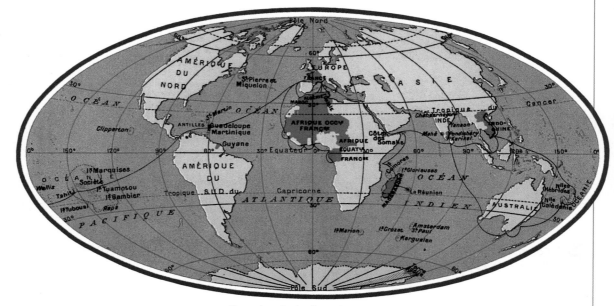

Carte des colonies françaises.

1 Quels sont les objectifs de l'expansion coloniale pour la France ?

2 Dans quelles régions du monde la France a-t-elle établi des colonies ?

3 En quoi consiste la mission civilisatrice de la France dans ses colonies ?

4 Qu'est-ce qui rappelle la présence française dans les anciennes colonies ?

5 Quand la France a-t-elle accordé l'indépendance à ses colonies ?

6 Où ont lieu les deux guerres d'indépendance qui ont marqué la décolonisation ?

LA Ve RÉPUBLIQUE

La Ve République est née d'une crise : la **guerre d'Algérie** (1954-1962). Elle est marquée par le retour du général de Gaulle au pouvoir en 1958. Celui-ci fait voter une nouvelle **Constitution** qui renforce les pouvoirs du président de la République et donne ainsi au pays des institutions stables. Il achève la **décolonisation** et parvient à mettre fin à la guerre d'Algérie en avril 1962. Toutefois, la **croissance économique** ne s'accompagne pas des réformes de société souhaitées. Les événements de Mai 1968 surprennent le général de Gaulle qui quitte le pouvoir en avril 1969.

La présidence de Georges Pompidou (1969-1974) est surtout marquée par un **enrichissement** significatif des Français : la France vit des années heureuses de plein emploi et de forte croissance.

La **crise pétrolière de 1973** va orienter les choix politiques et économiques de la France pour les vingt années qui suivent : faire en sorte que la crise économique soit la moins douloureuse possible pour les Français grâce à une puissante protection sociale, donner la priorité à la formation pour répondre à la montée du chômage, restructurer et ouvrir l'économie, accélérer la construction européenne afin de créer un espace de développement puissant et protégé. Les présidents Giscard d'Estaing (1974-1981) et Mitterrand (1981-1995) ont suivi, avec des nuances, cette politique.

Le grand changement politique sera en 1981 **l'arrivée de la gauche socialiste au pouvoir**. Politique industrielle, innovations sociales, politique culturelle, intégration européenne et grands travaux ont caractérisé les quatorze années de la présidence de François Mitterrand. Elles marquent aussi le début d'une **cohabitation** entre la droite et la gauche qui a continué avec l'élection en 1995 d'un président de droite, Jacques Chirac, et, de 1997 à 2002, un Premier ministre de gauche, Lionel Jospin. La réélection du président Jacques Chirac en 2002 met fin à la cohabitation.

j'ai 7 ans

laissez-moi grandir

Affiche de la campagne présidentielle du général de Gaulle en 1965.
La Ve République (née en 1958) n'a alors que sept ans.
Ici, la main du général se tend vers Marianne, figure de la République.

1 **Voici l'article 2 de la nouvelle Constitution qui a fondé la Ve République en 1958 :**
« La France est une République indivisible, laïque, démocratique et sociale. Elle assure l'égalité devant la loi de tous les citoyens sans distinction d'origine, de race ou de religion. Elle respecte toutes les croyances.
L'emblème national est le drapeau tricolore, bleu blanc rouge.
L'hymne national est la *Marseillaise*.
La devise de la République est : Liberté, Égalité, Fraternité.
Son principe est : gouvernement du peuple, par le peuple et pour le peuple. »

1. Comment sont définis :

• la République ? _____

_____

• le principe de l'égalité ? _____

_____

• le principe de la laïcité ? _____

_____

2. Quels sont les trois symboles de la République ?

_____

_____

_____

3. Comment le principe démocratique de la République est-il défini ?

_____

_____

_____

2 **Pourquoi les années 1973 et 1981 sont-elles significatives ?**

_____

_____

_____

3 **Donnez le nom des cinq présidents depuis la Ve République et la date de leur présidence.**

_____

_____

_____

_____

_____

8

LA VIE POLITIQUE

L'ORGANISATION DES POUVOIRS

La **Constitution de 1958**, modifiée en 1962 puis en 2000, règle l'organisation des pouvoirs sous la Vᵉ République. Elle a instauré un **régime à caractère présidentiel**.

Le **président de la République** est le chef de l'État. Il est élu désormais tous les cinq ans directement par l'ensemble des Français (suffrage universel). Il réside au palais de l'Élysée. Il veille au fonctionnement régulier de l'État, au respect de l'indépendance nationale et des traités. Il nomme le Premier ministre, préside le Conseil des ministres et peut dissoudre l'Assemblée nationale. Il peut aussi soumettre au référendum certains projets de loi. Il est le chef des armées, conduit la politique extérieure et, en cas de crise grave, peut disposer des pleins pouvoirs.

Le **gouvernement** – c'est-à-dire l'ensemble des ministres – avec à sa tête le **Premier ministre** conduit la politique de la nation. Il a sous son autorité l'administration, la police et l'armée. Il est responsable devant le Parlement. Il réside à l'hôtel Matignon.

Le **Parlement** comprend deux assemblées, l'**Assemblée nationale** qui siège au Palais-Bourbon et le **Sénat** qui siège au palais du Luxembourg. Ainsi, 557 députés et 321 sénateurs discutent et votent les lois. Les députés sont élus au suffrage universel direct pour cinq ans, les sénateurs au suffrage indirect pour neuf ans. Il n'y a qu'une seule session du Parlement : elle commence en octobre et se termine fin juin.

Les autres institutions de la vie politique sont :

• le **Conseil constitutionnel** (9 membres), qui veille à la constitutionnalité des lois ;

L'hémicycle de l'Assemblée nationale où siègent les députés et les membres du gouvernement (au premier rang).

• le **Conseil économique et social** (230 membres), qui est consulté sur les projets de loi et sur les problèmes économiques et sociaux ;

• le **Conseil d'État**, qui examine les textes de loi pendant leur rédaction et conseille le gouvernement ; il dit aussi le droit quand il y a conflit entre un citoyen et une administration.

Institutions de la Vᵉ République

Référendums

Pouvoir de dissolution

Élu pour cinq ans

Président de la République

nomme

Contrôle

Projets de lois

Lois votés

Premier ministre et Conseil des ministres

Application de la loi

Assemblée nationale 557 députés votent les lois

Navette des textes législatifs

Sénat 331 sénateurs

Le peuple français
Le droit de vote est accordé à partir de 18 ans

1 Comment le président de la République est-il élu ? _____

_____

2 Pour combien d'années le président est-il élu ? _____

3 Comment devient-on Premier ministre ? _____

_____

4 Comment devient-on député ? _____

_____

5 Comment s'appellent les deux assemblées qui constituent le Parlement ? _____

_____

6 Comment s'appelle la résidence officielle du président ? _____

7 Où l'Assemblée nationale se réunit-elle ? _____

8 Où le Sénat se réunit-il ? _____

9 Quel est le rôle :

• du Conseil constitutionnel ? _____

_____

• du Conseil économique et social ? _____

_____

• du Conseil d'État ? _____

_____

LES PARTIS POLITIQUES

La vie politique s'organise autour de deux blocs : la droite et la gauche.

• **À droite**, deux tendances dominent :

– une tendance gaulliste, le Rassemblement pour la République (RPR) qui se réclame des idées du général de Gaulle : indépendance nationale, rassemblement de toutes les catégories sociales, intervention de l'État dans la vie économique. Son leader est le président de la République, Jacques Chirac ;

– l'autre rassemblement à droite, l'Union pour la démocratie française (UDF), regroupe les tendances chrétienne, sociale et libérale, européenne. La réélection de Jacques Chirac comme président en 2002 incite ces deux partis à s'unir pour former l'Union pour la majorité présidentielle (UMP). Celle-ci constitue une forte majorité à l'Assemblée nationale après les élections législatives de 2002.

• **À gauche**, on trouve également deux traditions : la tradition socialiste démocratique (Parti socialiste, PS) et la tradition marxiste-léniniste (Parti communiste, PC) :

– le Parti socialiste, qui doit son renouveau à François Mitterrand, était la première force politique du pays de 1981 à 2002. Il regroupe plusieurs tendances : nationaliste et planificatrice, européenne et libérale ;

– le Parti communiste est aujourd'hui en perte de popularité et n'a plus l'influence politique, sociale et intellectuelle qu'il avait autrefois.

• À côté de ces grands partis, **deux forces** occupent une place particulière :

– à l'extrême droite, le Front national (FN), mouvement héritier du slogan « Famille, travail, patrie » du régime de Vichy entre 1940-1944. Son leader, Jean-Marie Le Pen, a été le principal adversaire de Jacques Chirac pendant les élections présidentielles de 2002 ;

Badges de partis politiques.

– à gauche, Les Verts regroupent un électorat jeune, urbain et intellectuel, soucieux de cadre de vie, de respect écologique, de transparence démocratique, et progressiste sur les questions de société. Les Verts ont formé avec le Parti socialiste et le Parti communiste le gouvernement de la gauche plurielle de 1997 à 2002.

Des **questions de société** peuvent faire naître des mouvements qui ont une influence importante sur le comportement politique : ce fut, dans les années 1980, le cas de SOS Racisme qui, avec le slogan « Touche pas à mon pote ! » a mené un combat contre l'idéologie raciste du Front national.

ACTIVITÉS

1 Comment s'appelle le parti politique de droite né de la fusion du RPR et de l'UDF ?

_____

2 Quels sont les trois partis qui constituent la gauche ?

_____

3 Dans votre pays, la vie politique s'organise-t-elle autour de deux blocs : la droite et la gauche ? Justifiez votre réponse.

_____

_____

_____

4 Quel parti représente chaque sigle suivant ?

RPR : _____

UDF : _____

UMP : _____

PS : _____

PC : _____

FN : _____

Les Verts : _____

5 Résumez les idées politiques du général de Gaulle. Ensuite, commentez cette affirmation du Général : « La France ne peut être la France sans la grandeur. »

_____

_____

_____

6 SOS Racisme a été fondé par les Beurs (enfants français d'immigrés d'origine arabe ou africaine) pour combattre les thèses racistes. Pourquoi les immigrés sont-ils souvent victimes de racisme ?

_____

_____

_____

LES RITUELS POLITIQUES

Les élections constituent le moment le plus important de la vie politique et démocratique.

En France, elles ont lieu le dimanche et sont organisées en deux tours. Si, au premier tour, un(e) candidat(e) obtient plus de 50 % des votes, il (elle) est élu(e). Dans le cas contraire, on vote une deuxième fois et le (la) candidat(e) qui obtient le plus grand pourcentage de voix est élu(e).

L'élection présidentielle est celle qui mobilise le plus les Français : elle est la plus passionnée, riche en coups de théâtre et rebondissements ; les journalistes politiques observent et analysent les stratégies et les tactiques des futurs ou possibles candidats ; les instituts de sondage donnent régulièrement les chances de l'un ou l'autre des candidats. Le moment clé de cette élection est l'unique débat entre les deux candidats qui s'opposent au deuxième tour de l'élection. Cette dernière se gagne parfois à quelques dizaines de milliers de voix près.

L'autre élection qui mobilise les Français est l'**élection des maires** des 36 000 communes de France où les problèmes de vie quotidienne, de cadre de vie, les passions locales passent avant les préoccupations nationales. La commune est la plus petite unité administrative de la République.

Depuis 1986, les Français imposent par leurs choix aux élections une nouvelle forme de gouvernement : la **cohabitation**. Ainsi, un président de gauche a cohabité avec deux Premiers ministres de droite, et aujourd'hui un président de droite cohabite avec un Premier ministre de gauche. Comme si les Français refusaient la division entre droite et gauche que voudraient leur imposer les partis politiques.

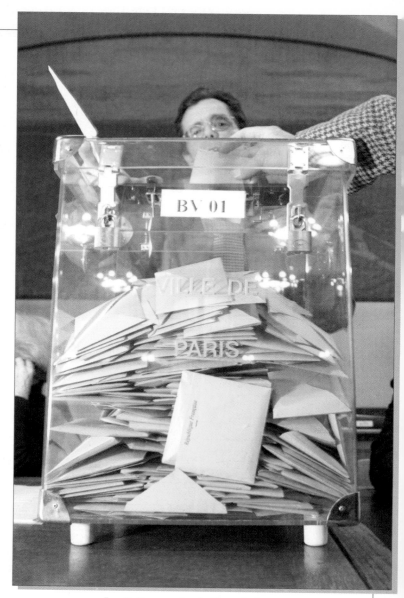

Les élections ont lieu le dimanche !
Chaque électeur met son bulletin de vote dans une urne.

La vie politique passionne les Français. Elle fait l'objet d'innombrables **débats** dans la presse, à la radio et à la télévision. Les journalistes politiques sont les journalistes les plus connus du public.

Mais la vie politique est aussi **objet de caricature**. Elle a son champion pour le dessin de presse, Plantu, dessinateur au journal *Le Monde* ; son hebdomadaire satirique, *Le Canard enchaîné*, très attendu chaque mercredi ; son émission de télévision, *Les Guignols de l'info*, tous les jours sur Canal+.

1 Dans votre pays, quelles sont les élections politiques les plus importantes ? Les débats politiques passionnent-ils les électeurs comme en France ?

_____

_____

_____

_____

avec Bertrand **Delanoë**

PARIS

changeons d'ère

bertrand Delanoë 3, rue des Juges-Consuls 75004 Paris / Tél. 01 44 41 75 75 / www.bertrand-delanoe.org

2 À l'occasion des élections municipales de 2001, Bertrand Delanoë a été élu maire de Paris. Faites l'analyse de son affiche électorale : quel est le slogan ? Quelle image est présentée du candidat ?

_____

_____

_____

_____

_____

3

LA COHABITATION	
1986-1988 :	Président de gauche : François Mitterrand
	Premier ministre de droite : Jacques Chirac
1993-1995 :	Président de gauche : François Mitterrand
	Premier ministre de droite : Édouard Balladur
1997-2002 :	Président de droite : Jacques Chirac
	Premier ministre de gauche : Lionel Jospin

Pourquoi la cohabitation oblige-t-elle la gauche et la droite à coopérer ? Est-ce plus démocratique qu'un gouvernement où le président et le Premier ministre appartiennent au même parti ? Justifiez votre opinion.

_____

_____

_____

_____

_____

9

LE RÔLE DE L'ÉTAT

Les employés de la Poste sont parmi les fonctionnaires préférés des Français.

L'ORGANISATION ADMINISTRATIVE

L'**administration** en France est un véritable personnage. On la décrit puissante, très organisée, fortement hiérarchisée, complexe, lointaine, exigeante mais aussi trop lente, trop nombreuse, peu rentable. Et pourtant indispensable quand le citoyen s'exclame : « Mais que fait l'État ? »

Le **fonctionnaire**, « haut » ou « petit », incarne l'Administration. On compte environ 5 millions de fonctionnaires dont 900 000 enseignants. Ils représentent 28 % de la population active. Les Français ont une passion pour les emplois de la fonction publique, synonymes de sécurité, de progression régulière des salaires et de retraite assurée. Leur rêve est souvent que leurs enfants deviennent fonctionnaires. Cependant, ils reprochent aujourd'hui aux fonctionnaires leur égoïsme corporatiste. Les fonctionnaires préférés des Français sont les enseignants, les postiers, le personnel des hôpitaux et les policiers.

Il faut distinguer plusieurs administrations :

• l'**administration centrale**, celle des ministères avec leurs grandes directions ;

• l'**administration locale**, avec ses préfectures de région, ses préfectures de département et ses sous-préfectures d'arrondissement, qui toutes représentent le pouvoir central, assurent le bon fonctionnement des services et contrôlent en son nom ;

• de grandes **directions administratives** jouent également un rôle important au niveau local : direction de l'Équipement pour les infrastructures, rectorat et académie pour l'enseignement, direction du Trésor pour les impôts.

■ Cartes de France

• La **carte administrative** divise la France en 36 000 communes, 96 départements et 22 régions. Sans compter les 325 arrondissements et les 3 714 cantons. Elle comprend aussi 4 départements et 9 territoires d'Outre-mer.

• La **carte électorale** dénombre 577 circonscriptions.

• La **carte juridique** compte 9 régions pénitentiaires et 33 cours d'appel.

• La **carte scolaire** et universitaire est découpée en 26 académies.

• La **carte religieuse** comprend 94 diocèses.

• La **carte médiatique** distingue 13 directions régionales de la radio et de la télévision et 24 bureaux régionaux d'information.

ACTIVITÉS

1 Complétez le tableau suivant en y ajoutant le nombre d'unités à chaque niveau administratif.

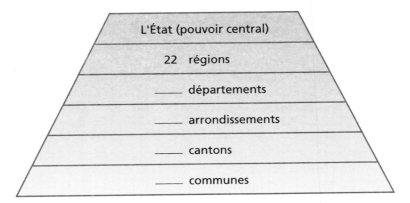

| L'État (pouvoir central) |
| 22 régions |
| _____ départements |
| _____ arrondissements |
| _____ cantons |
| _____ communes |

2 Le préfet est un haut fonctionnaire nommé par le gouvernement : il représente l'État dans chaque région et dans chaque département. Ses bureaux, appelés la préfecture, se trouvent dans la ville principale.
Quel rôle joue le préfet dans la décentralisation administrative ?

_____

_____

3 Retrouvez dans l'encadré ci-contre des exemples de la décentralisation dans les différents secteurs de la vie nationale.

_____

_____

_____

_____

4 Qu'est-ce qui explique la passion des Français pour la fonction publique ?

_____

_____

5 Préférez-vous ou voudriez-vous travailler dans le secteur public ou le secteur privé ?
Dites pourquoi. Quels en sont, selon vous, les avantages et les inconvénients ?

_____

_____

_____

LA RÉGIONALISATION

Sous la monarchie, on parlait de pouvoir central fort ; c'est la Révolution et Napoléon qui ont créé l'État jacobin, c'est-à-dire centralisateur. Depuis les années 1970, il y a eu la **régionalisation** puis la **décentralisation**.

La France est aujourd'hui divisée en **22 régions** ; elles ont été créées par la loi sur la régionalisation en 1972. En 1982, ces 22 régions ont obtenu de réels pouvoirs grâce à la loi sur la décentralisation. Elles ont aujourd'hui un **pouvoir politique et budgétaire**. Routes, écoles, équipements culturels et sportifs, développement agricole, industriel et commercial, relations internationales ou interrégionales font partie des responsabilités des régions.

La régionalisation a permis un véritable **développement régional** : les grandes villes connaissent une forte croissance de leur population : Nantes (+ 9,6 %), Toulouse (+ 8,9 %), Montpellier (+ 8,1 %), Lyon (+ 7,1 %).

Certaines **villes ou régions** sont aujourd'hui **spécialisées** : Toulouse dans l'aviation avec Airbus et l'espace avec Ariane ; Lille dans la vente par correspondance ; Strasbourg dans la génétique ; Rennes dans les télécommunications ; Grenoble et Nice dans les industries de l'intelligence.

Les villes moyennes se constituent aussi en centres de développement qui regroupent des activités de recherche et des industries innovantes appelées **technopoles** : Béthune, Lannion, Troyes, Lorient, Agen, Auch, Pau, Nîmes, Bourg-en-Bresse.

Aujourd'hui, les régions développent également des relations avec les autres régions européennes proches d'elles : le Nord avec la Flandre et le Kent ; la Lorraine avec le Luxembourg et la Sarre ; le Lyonnais avec le Piémont ; le Languedoc-Roussillon avec la Catalogne.

■ Le retour des « pays »

En celte, on disait « pagis » pour pays. Les pays sont la plus vieille marque du territoire français.

L'actualité rappelle sans cesse leur existence : les faits divers avec les incendies des Maures ou de l'Esterel ; le sport qui parle du ski en Maurienne, des exploits des basketteurs béarnais (Pau-Orthez), des origines foréziennes et stéphanoises d'Aimé Jacquet, l'entraîneur de l'équipe de France de football championne du monde ; la gastronomie qui annonce l'arrivée du beaujolais nouveau, le début des vendanges dans le Médoc, qui recommande le bœuf du Charolais, les tomates de Marmande ou la volaille de Bresse...

Les avions Airbus sont construits principalement à Toulouse.

1 Dans quelle région se trouvent les villes suivantes (reportez-vous à la carte à l'intérieur de la couverture) ?

Nantes _____

Toulouse _____

Montpellier _____

Lyon _____

Lille _____

Strasbourg _____

Rennes _____

Grenoble _____

Nice _____

2 Quels pouvoirs sont accordés aux régions ?

_____

_____

3 En quoi ces pouvoirs modifient-ils la centralisation ?

_____

_____

4 Quelles conséquences la régionalisation a-t-elle eues sur les villes ?

_____

_____

5 Où se trouvent les régions françaises qui développent des liens avec des régions de l'Union européenne ?

_____

_____

6 Qu'est-ce que les « pays » cités dans l'encadré ci-contre évoquent pour les Français ?

_____

_____

_____

L'ÉTAT, POUR QUOI FAIRE ?

En France, l'État occupe une place très importante, il **intervient dans tous les moments de la vie des citoyens** : il nourrit et loge, il enseigne, il soigne, il transporte, il éclaire et il chauffe, il cherche, il relie, il défend.

L'action de l'État est donc jugée **essentielle** par les Français : il assure les besoins fondamentaux (scolarisation, éducation, santé, retraite) et défend les citoyens contre les risques d'exclusion (chômage, pauvreté).

Pourtant, avec la **régionalisation**, le rôle de l'État est en train de **changer**. Les régions ont aujourd'hui en charge les établissements scolaires, les institutions culturelles, les hôpitaux, les crèches, les services sociaux. Et elles s'occupent aussi du développement économique et de l'emploi.

L'Union européenne avec ses directives, ses programmes, son droit spécifique se substitue dans certains domaines au rôle de l'État. Cela crée de **nouveaux rapports** entre l'Union et les administrations centrales, les institutions régionales ou locales.

Par ailleurs, le malaise social que la France a durement connu pendant la crise économique (1973-1999) a fait **douter** les Français de la capacité des élites à administrer le pays. L'image d'un État austère, soucieux et comptable de l'argent public n'est plus vraie. Et pourtant, les Français continuent d'accepter que l'État prélève 45 % sur leurs revenus.

■ État de confiance...

Parmi toutes les institutions, c'est d'abord dans le système de santé et de Sécurité sociale que les Français ont le plus confiance. Leur système d'enseignement reçoit également leur confiance. Ils ont davantage de doutes sur les qualités de leur système administratif et leur système judiciaire séduit moins de la moitié d'entre eux.

Quant aux grandes institutions, ils placent en premier la police puis l'armée et enfin l'Église. La presse, les syndicats, les grandes entreprises ne les séduisent pas vraiment.

Les sapeurs-pompiers sont chargés d'apporter les premiers secours aux personnes en difficulté et d'éteindre les incendies.

1 Associez les fonctions suivantes avec les ministères du gouvernement qui s'en chargent.

Il nourrit •

Il loge •   • ministère de l'Éducation nationale

Il enseigne •   • ministère de l'Équipement, des Transports et du Logement

Il soigne •   • ministère de la Défense

Il transporte •   • ministère de la Santé

Il éclaire et il chauffe •   • ministère de l'Emploi et de la Solidarité

Il cherche •   • ministère de l'Agriculture et de la Pêche

Il relie •   • ministère de la Recherche

Il défend •

2 Comment le rôle de l'État est-il modifié par :

• la régionalisation : _____

_____

_____

• l'Union européenne : _____

_____

_____

3 Quelle image les Français ont-ils aujourd'hui de l'État ? Cette image a-t-elle changé ?

_____

_____

_____

4 Dans l'encadré ci-contre figurent les institutions dans lesquelles les Français ont le plus confiance. Quelles institutions inspirent la plus grande confiance dans votre pays ? Expliquez les différences, s'il y en a.

_____

_____

_____

_____

_____

_____

10 LA LOI ET L'ORDRE

LE DROIT ET LA JUSTICE

Entre l'État et les Français, il y a la **loi** votée par le Parlement. 550 000 lois régissent la vie et les rapports des Français entre eux. (Par exemple, en 1981, une loi a aboli la peine de mort.)

C'est la Révolution et Napoléon qui sont à l'origine de l'organisation du droit en grands codes, dont les plus célèbres sont le **Code civil** (1804) et le **Code pénal** (1810). De nombreux pays se sont inspirés de ce système.

La justice repose sur quelques **grands principes** : elle est accessible à tout le monde ; elle est gratuite quand on bénéficie de l'aide judiciaire ; elle est publique et on peut assister aux débats ; elle obéit au principe de légalité, à savoir que, contrairement au droit anglo-saxon, tout est contenu dans la loi ; enfin, les décisions qu'elle rend sont motivées, c'est-à-dire qu'elles doivent être argumentées selon le droit.

Malgré des réformes importantes, les Français ont une confiance limitée en leur justice. Ils lui reprochent sa lenteur, son archaïsme et son... injustice. Et pourtant, ils

Un avocat devant le Palais de justice de Paris.

■ Justice : qui fait quoi ?

Il existe trois types de juridictions séparées : les juridictions administratives, les juridictions judiciaires et les juridictions spécialisées.
• Les **juridictions administratives** traitent des conflits entre les citoyens et les administrations.
• Les **juridictions judiciaires** s'occupent de la justice civile et pénale : les contraventions relèvent des tribunaux d'instance ou de police ; les délits relèvent des tribunaux civils ou correctionnels de grande instance ; les crimes relèvent de la cour d'assises.
• Parmi les **juridictions spécialisées**, on retiendra les conseils de prud'hommes (conflits au travail), les tribunaux de commerce et les tribunaux pour enfants.

demandent toujours plus de justice ; ils exigent un **arbitrage** continu de la justice civile pour régler aussi bien les conflits entre individus que certains mauvais fonctionnements sociaux.

Aujourd'hui, au nom de la séparation des pouvoirs, le débat le plus important porte sur la meilleure manière d'assurer l'**indépendance de la justice**. La mobilisation des médias dans les affaires que la justice instruit rend son indépendance problématique, mais néanmoins nécessaire.

La Révolution française (1789)
et l'empereur Napoléon Ier (1804-1814)

LE DROIT MODERNE

La liberté individuelle

La séparation des pouvoirs

L'égalité devant la loi

Le pouvoir politique

Le pouvoir judiciaire

Le pouvoir législatif   Le pouvoir exécutif

*(la jurisprudence et
les jugements des magistrats)*

(les codes et les lois)

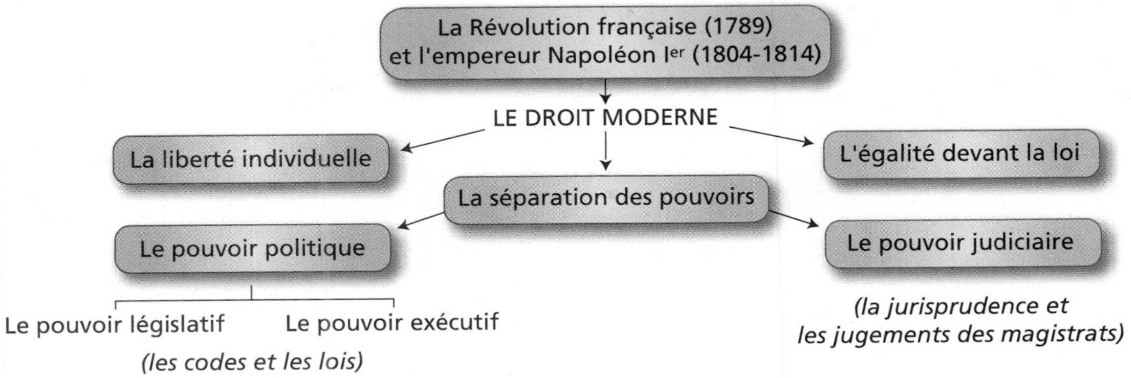

1 Quels sont les trois principes fondamentaux du droit moderne ?

_____

_____

2 Pourquoi est-il nécessaire de séparer les trois pouvoirs législatif, exécutif et judiciaire ?

_____

_____

3 Qu'est-ce qui, aujourd'hui, constitue une nouvelle menace pour l'indépendance de la justice ?

_____

_____

_____

4 En quoi la séparation des juridictions administratives et des juridictions judiciaires illustre-t-elle la séparation des pouvoirs ?

_____

_____

_____

5 En vous référant à l'encadré ci-contre, dites si les infractions aux lois suivantes sont jugées dans (a) un tribunal de police ; (b) un tribunal correctionnel ; (c) une cour d'assises ?

Un crime : _____

Une contravention : _____

Un délit : _____

Défilé du 14 juillet : la garde républicaine.

L'ARMÉE ET LA POLICE

Chaque année, le 14 juillet, la fête nationale est l'occasion d'un grand défilé militaire sur les Champs-Élysées en présence du président de la République et des plus hautes autorités de l'État. Les Français sont plusieurs dizaines de milliers à assister à ce défilé et plusieurs millions le regardent à la télévision. Ce défilé est le symbole de l'**unité de l'armée et de la nation**. Il est l'écho lointain de l'armée de la République montant à l'assaut du moulin de Valmy en 1792 aux cris de « Vive la Nation ! ».

Le général de Gaulle a fait de la **dissuasion nucléaire** le cœur du système de défense de la France pour trois raisons : assurer à la France un rang de grande puissance ; faire oublier aux armées françaises les défaites de 1940 et d'Indochine en 1954 ; garantir l'intégrité du territoire à un pays qui a été envahi trois fois en soixante-dix ans (1870, 1914, 1940).

Aujourd'hui, l'armée française est engagée avec l'ONU ou l'OTAN dans de nombreuses **opérations de maintien de la paix**, au Liban, en Bosnie, au Kosovo, au Cambodge, en Afrique, en Afghanistan.

L'avenir de l'armée française passe aujourd'hui par sa **professionnalisation**, son intégration progressive dans une future **défense européenne**. Elle a connu en 2001 une révolution majeure avec la fin du service national obligatoire. Cette tradition

■ Mais que fait la police ?

À la police revient la mission d'assurer l'ordre et la sécurité des citoyens. La **police nationale** (police urbaine, police judiciaire, police des frontières) et les **compagnies républicaines de sécurité** (CRS) sont chargées de ces tâches.

Face à la montée de l'insécurité, de la violence urbaine et de la délinquance, les trois quarts des Français lui font plutôt confiance. Pourtant, ils demandent une police de proximité plus nombreuse et plus visible ; ils souhaitent aussi que les communes soient associées au maintien de l'ordre.

■ « Mon beau légionnaire »

Dans les défilés, ils marchent plus lentement que les autres, ils ont leur musique et ils sont reconnaissables à leurs képis blancs : les 15 000 légionnaires ne ressemblent à aucun autre corps d'armée au monde.

Pour entrer dans la Légion étrangère (créée en 1831), on ne leur a rien demandé, ni d'où ils venaient, ni comment ils s'appelaient ; on leur a seulement demandé d'accepter la règle et la discipline très dure de la Légion. On sait qu'ils sont plus de la moitié à être d'origine étrangère et qu'il y a environ trois candidatures pour une place.

Légionnaires célèbres au cinéma : Gary Cooper, Jean Gabin, Marty Feldman, Jean-Claude Vandamme.

remontait à la Révolution et aux soldats de l'an II. La fin du peuple en armes ?

1   Mettez ensemble la date et l'événement.

1792 •

                • Bataille de Valmy (victoire de l'armée de la Nation contre les armées des monarchies européennes)

l'an II du nouveau calendrier républicain •

                • Occupation de la France par l'armée allemande victorieuse

1939 •

                • Début de la Première Guerre mondiale

1954 •

                • Bataille de Diên Biên Phû (fin de la présence coloniale française en Indochine)

1870 •

                • Campagne de l'armée républicaine de la Nation contre les pays européens voulant restaurer la monarchie

1914 •

                • Guerre entre la France et la Prusse qui a provoqué la fin du Second Empire

1940 •

                • Début de la Seconde Guerre mondiale

2   Qu'est-ce que le traditionnel défilé militaire représente pour les Français à l'occasion de la Fête nationale : la prise de la Bastille en 1789 ? la création d'une république ? l'union de l'armée et de la nation ?

3   Pourquoi la force de dissuasion nucléaire a-t-elle été pour le général de Gaulle l'élément central du système de défense ?

4   Comment l'armée française participe-t-elle aujourd'hui au maintien de la paix dans le monde ?

5   Que savez-vous de la Légion étrangère ? Quelle est son image auprès du grand public ?

6   Comparez l'attitude des Français et celle de vos compatriotes envers la police ?

11 LA FRANCE DANS L'EUROPE ET DANS LE MONDE

LA CONSTRUCTION EUROPÉENNE

L'Europe des quinze

FINLANDE 1995
SUÈDE 1995
DANEMARK 1973
IRLANDE 1973
GRANDE-BRETAGNE 1973
PAYS-BAS 1957
BELGIQUE 1957
ALLEMAGNE 1957
LUXEMBOURG 1957
AUTRICHE 1995
FRANCE 1957
ITALIE 1957
ESPAGNE 1986
PORTUGAL 1986
GRÈCE 1981

Tout de suite après la Seconde Guerre mondiale, la question était : comment créer les conditions d'une paix durable en Europe ? « En mettant en commun les ressources », ont répondu Jean Monnet et Robert Schumann : ce fut en 1951 la **Communauté européenne du charbon et de l'acier** (CECA) qui réunissait la France, l'Allemagne, l'Italie et les trois pays du Benelux (Belgique, Pays-Bas, Luxembourg).

Six ans après, en 1957, les six pays signent le traité de Rome qui institue une **Communauté économique européenne** (CEE) avec un Marché commun, un marché à cette époque de 180 millions d'hommes qui allait permettre un formidable développement de ces six pays sur le plan industriel, commercial et agricole grâce à la politique agricole commune (PAC).

En 1963, le **traité de l'Élysée** officialise la réconciliation franco-allemande. Dès lors le moteur franco-allemand et ses couples célèbres, de Gaulle-Adenauer, Giscard d'Estaing-Schmidt, Mitterrand-Kohl, allaient permettre le développement spectaculaire de la construction européenne.

Entre 1973 et 1995, l'Europe des Six va devenir l'**Europe des Quinze** (les six pays du traité de Rome et la Grande-Bretagne, l'Irlande, le Danemark, la Grèce, l'Espagne, le Portugal, l'Autriche, la Suède, la Finlande).

Le **traité de Maastricht** approuvé par tous les pays membres en 1992 a mis en place la nouvelle forme de l'Europe, l'**Union européenne** (UE). C'est ainsi que le Parlement européen élu au suffrage universel direct depuis 1979 et qui siège à Strasbourg s'est vu accorder des pouvoirs de contrôle plus importants sur l'organe exécutif de l'Union, la Commission européenne qui, elle, se trouve à Bruxelles. Deux Françaises ont été élues à la présidence du Parlement : Simone Veil a été la première présidente (1979-1982) et Nicole Fontaine, présidente de 1999 à 2002.

La Commission a l'initiative de préparer les directives (orientations) et de les mettre en œuvre. Les directives sont soumises à l'approbation des chefs d'État et de gouvernement des Quinze qui constituent le Conseil et qui sont l'autorité souveraine de décision. Le Français Jacques Delors, président de la Commission de 1985 à 1995, a donné à la construction européenne une impulsion décisive.

Le **traité d'Amsterdam** (1997) est venu compléter le traité de Maastricht. D'inspiration libérale sur le plan économique, il instaure la nécessité d'un pacte de solidarité sociale. Il crée une coordination en matière de politique extérieure et organise un début de défense commune.

Le **traité de Nice** (2000) prépare l'élargissement de l'Union aux pays d'Europe centrale et orientale, et précise les conditions de représentation institutionnelle de l'ensemble des pays. Actuellement la Hongrie, la Pologne, la République tchèque, la Slovénie négocient leur adhésion. L'élargissement de l'Europe pourrait porter à 25 le nombre de pays participant à l'Union. Le débat sur la nature et l'organisation d'un si vaste ensemble ne fait que commencer.

A C T I V I T É S

1 Dans la vie quotidienne, quels sont les signes qui montrent que la France fait partie de l'Union européenne ?

_____

_____

_____

Institutions de l'Union européenne

Conseil européen
- Composé des 15 chefs d'État ou de gouvernement
- Se réunit au moins deux fois par an

Impulsion politique

Parlement européen
- Siège à Strasbourg
- 626 députés élus au suffrage universel dans les 15 pays
- Vote et contrôle le budget de l'Union européenne

Conseil des ministres
- Rassemble les ministres compétents des 15 pays, selon l'ordre du jour
- Adopte ou modifie, après intervention du Parlement européen, les lois communautaires proposées par la Commission des Communautés européénnes

Décision

Commission européenne
- Située à Bruxelles
- Propose et gère les politiques communes
- Pouvoirs d'initiative et d'exécution des lois

Proposition/ exécution

Cour des comptes

Cour de justice

Comité économique et social

2 Expliquez l'importance des dates suivantes dans la construction européenne.

1951 : _____

_____

1957 : _____

_____

1963 : _____

1992 : _____

1997 : _____

2000 : _____

3 Quels pays ont adhéré à l'Europe en :

1957 : _____

1973 : _____

1981 : _____

1986 : _____

1995 : _____

4 Quelles sont les principales institutions de l'Union européenne ?

_____

_____

5 Quels sont les rapports entre le Parlement, la Commission et le Conseil ?

_____

_____

6 Pourquoi d'autres pays voudraient-ils faire partie de l'Union européenne ? Quelles sont les difficultés posées par l'élargissement de l'Europe des Quinze ?

_____

_____

L'AVENIR EUROPÉEN

Une zone de libre-échange intégrée ou une Europe puissance mondiale sur le modèle des États-Unis, la France penche depuis longtemps pour ce second scénario. Les principales réalisations de ce nouvel espace européen des Quinze sont :

• **La réalisation du marché unique**, c'est-à-dire d'un espace de libre circulation des marchandises, des services, des capitaux et des hommes et totalement ouvert à la concurrence entre les pays membres. Il s'agit pour ceux-ci de se soumettre aux règles de concurrence établies par la Commission qui veille à leur respect, interdit les fusions d'entreprises qui créeraient des positions de monopole. Certains domaines comme la poste, les transports ferroviaires restent encore non soumis à des règles communes de concurrence.

• **La mise en œuvre de la monnaie unique**, l'**euro**, à partir du 1er janvier 2002 est la plus spectaculaire de ces réalisations. Elle va changer la vie quotidienne, les représentations, les systèmes de référence de 300 millions d'Européens. Il aura fallu 25 ans depuis la création du « serpent monétaire » européen pour aboutir à la monnaie unique gérée désormais par une autorité unique, la Banque centrale européenne (BCE) dont le siège est à Francfort.

• **La création de l'espace Schengen** (1993) crée à l'intérieur des neuf pays qui y participent une zone unique de libre circulation sans frontières intérieures. Les pays frontaliers de l'espace Schengen assurent les contrôles d'entrée et de sortie pour l'ensemble des neuf pays.

• **La mise en place d'un espace juridique** avec la Cour européenne de justice de Luxembourg devant laquelle tout citoyen européen peut déposer un recours, sachant que le droit européen, quand il existe, prévaut sur le droit national.

• **L'organisation d'une Europe industrielle** dont les deux plus belles réussites sont Airbus et Ariane, toutes deux nées d'une initiative et d'une volonté françaises. Mais les télécommunications, l'automobile, l'industrie pétrolière, l'agroalimentaire, l'habillement, l'édition, les médias, la banque et les assurances sont des domaines très divers où l'Europe a su construire des groupes industriels de dimension mondiale.

L'euro : monnaie unique européenne.

L'Europe avance aussi, mais plus lentement, dans les domaines de la défense (outils industriels, moyens de défense, création de corps d'armée), dans une moindre mesure dans celui de la politique extérieure (nomination d'un représentant de l'Union ; recherche de positions communes aux pays membres) et peu dans celui de la culture. Le grand chantier qui va occuper les Européens dans les années qui viennent est celui de la réforme des institutions de l'Union et de l'esprit de cette réforme : il est la clé de la naissance d'une véritable Europe politique. C'est dire qu'une bonne partie de son avenir politique reste à construire.

■ Décalage horaire franco-allemand

• *Magasins :* on peut faire ses courses jusqu'à 20 h en semaine et 16 h le samedi (contre 19, 20 et 22 h en France). L'ouverture le dimanche, systématiquement interdite en Allemagne, est autorisée sous certaines conditions en France.

• *Travail :* les Allemands travaillent 40,1 heures par semaine (contre 39,8 heures pour les Français, voire 35 heures) ; mais il y a dix fois plus de jours de grève en France qu'en Allemagne. Les Allemands ont plus de jours fériés que les Français mais moins de jours de congés.

• *Sport :* les matchs de football ont lieu à 19 h 30-20 h en semaine et 15 h 30 le dimanche. Les Français jouent à 20 h 30 en semaine, 15 h, 17 h ou 20 h 30 le samedi ou le dimanche.

• *École :* les cours commencent à 7 h et finissent à 13 h (contre 8 h-8 h 30, 17 h pour les petits Français). Les cours de religion prennent 6 % de l'emploi du temps en Allemagne.

• *Repas :* avant 7 h pour le petit déjeuner, vers 13 h après la sortie de classe pour le déjeuner, entre 18 et 19 h pour le dîner (en France, 7 h 30, 8 h pour le petit déjeuner, 20 h-20 h 30 pour le dîner).

1   **Expliquez, dans le contexte de l'Union européenne, les termes suivants.**

• Le marché unique : _____

_____

_____

• La monnaie unique : _____

_____

_____

• L'espace Schengen : _____

_____

_____

• La Cour européenne de Luxembourg : _____

_____

_____

• Le Parlement de Strasbourg : _____

_____

_____

• Les autorités de Bruxelles : _____

_____

_____

_____

2   **Pourquoi la création d'une Europe politique est-elle difficile ?**

_____

_____

_____

_____

3   **Pour chaque rubrique figurant dans l'encadré ci-contre, faites la liste des différences entre la France et l'Allemagne.**
Quelles conclusions peut-on en tirer dans une perspective européenne ?

_____

_____

_____

_____

_____

_____

L'ACTION INTERNATIONALE

La France par sa population ne représente que 1 % de la population mondiale et sa superficie ne couvre que 0,4 % des terres émergées. Pourtant, elle demeure l'un des pays les plus développés du monde, **quatrième puissance économique** et commerciale mondiale.

Le présent et le passé expliquent sa qualité de puissance européenne. Elle doit ainsi au passé d'avoir été le premier pays à disposer dès le Siècle de Louis XIV d'un réseau d'**ambassadeurs** : elle a donc une tradition et une mémoire diplomatiques précieuses. Et puis sa langue a été jusqu'à la Première Guerre mondiale l'unique **langue diplomatique**, privilège qu'elle partage aujourd'hui avec l'anglais. Le français est aujourd'hui langue officielle et de travail d'organisations internationales (ONU, UNESCO) et non gouvernementales (les ONG) dont les Jeux olympiques.

L'**action extérieure** de la France contemporaine a été largement inspirée par le général de Gaulle :

• une volonté d'indépendance nationale garantie par sa puissance militaire nucléaire ;

• l'ambition de construire une Europe forte à partir de l'entente franco-allemande, garantie d'une paix durable en Europe ;

Le ministère des Affaires étrangères à Paris.

• une action de solidarité avec les pays en voie de développement et une intensification du dialogue entre les pays développés du Nord et les pays en voie de développement du Sud ;

• une contribution active au maintien de la paix et à la résolution des conflits en Europe, au Moyen-Orient et en Afrique.

Aujourd'hui la mondialisation, l'intégration européenne, l'apparition de nouvelles puissances, l'action en faveur des droits de l'homme, l'urgence écologique, le développement d'un droit international, la concurrence des cultures ont conduit la France à repenser son rôle et ses actions diplomatique, culturelle, commerciale et militaire dans le système-monde.

■ Les Français à l'étranger

On dit qu'ils sont 100 000 à Londres, autant à New York ou à Rome ; les Français seraient peut-être plus mobiles qu'on ne l'imagine souvent.

Un Français sur cinq de plus de 16 ans a vécu au moins six mois à l'étranger au cours de sa vie. Les pays de séjour où ils ont vécu le plus sont les pays d'Afrique (24 %), le Benelux, l'Allemagne, l'Autriche, la Suisse (29 %), les États-Unis et le Canada (18 %), l'Italie, l'Espagne, le Portugal (16 %), le Royaume-Uni ou l'Irlande (16 %).

Une telle mobilité place les Français en deuxième position parmi les Européens derrière les Suédois, et avant les Grecs ou les Belges.

1 Étant donné les dimensions de la France, en quoi sa situation économique et commerciale internationale est-elle étonnante ?

_____

_____

_____

2 Quel rôle ont joué la diplomatie et la langue dans la présence française à travers le monde ?

_____

_____

_____

3 Quels sont les thèmes majeurs de la politique internationale française inspirée par le général de Gaulle ?

_____

_____

_____

4 Pourquoi la France modifie-t-elle cette politique aujourd'hui ?

_____

_____

_____

5 En vous référant à l'encadré ci-contre, dites si les habitants de votre pays vont aussi vivre à l'étranger. Si oui, pour quelles raisons ? Quels sont les pays qui les attirent le plus ? Comparez avec la liste des pays cités dans l'encadré.

_____

_____

_____

_____

_____

_____

_____

12 LA FRANCOPHONIE

UNE LANGUE EN PARTAGE

C'est au géographe Onésime Reclus (1837-1916) que l'on doit le mot **francophonie**.

Aujourd'hui, le mot « francophonie » a quatre sens :

- un **sens linguistique** : celui qui parle le français ;
- un **sens géographique** : l'ensemble des peuples et des hommes dont la langue maternelle, officielle, courante, administrative est le français ;
- un **sens spirituel** : le sentiment d'appartenir à une même communauté et une solidarité née du partage de valeurs communes aux différents individus des communautés francophones ;
- un **sens institutionnel** : une communautée organisée de concertation et de coopération.

L'écrivain sénégalais et homme politique Léopold Sedar Senghor, des poètes tels le Martiniquais Aimé Césaire et le Guyanais Gontrand Damas ont compris que la colonisation leur avait laissé un instrument précieux pour exprimer **la négritude :** la langue française. Leur œuvre littéraire ainsi que celle d'autres écrivains noirs, antillais et de langue arabe s'écrivent en français, qui devient ainsi langue d'expression des valeurs de la négritude et de l'arabisme.

La francophonie fait du français la deuxième langue de communication internationale présente sur cinq continents. La langue française est partagée par une cinquantaine de pays et parlée par environ 150 millions de personnes à travers le monde. Elle est :

- soit **langue maternelle** comme en France ou au Québec ;
- soit **langue officielle** comme au Cameroun ;
- soit **langue d'enseignement** comme à Madagascar ou en Côte d'Ivoire ;
- soit **langue étrangère privilégiée** comme au Maroc ou en Tunisie.

Les écrivains francophones Henri Lopes (congolais), Tahar Ben Jelloun (marocain) et Édouard Maunick (mauricien) lors de la remise du prix Unesco à Paris.

1   Donnez les quatre sens du mot « francophonie ».

_____

_____

_____

_____

2   Comment la langue française est-elle devenue un moyen important pour exprimer la négritude ?

_____

_____

_____

3   Dans cet extrait du _Cahier d'un retour au pays natal_, le poète Aimé Césaire affirme sa négritude :

ma négritude n'est pas une taie d'eau morte
sur l'œil mort de la terre
ma négritude n'est ni une tour ni une cathédrale

elle plonge dans la chair rouge du sol
elle plonge dans la chair ardente du ciel
elle troue l'accablement opaque de sa droite
patience

Qu'est-ce que la négritude n'est pas et qu'est-ce qu'elle est pour Aimé Césaire ?

_____

_____

_____

4   Quels sont les différents statuts du français dans les pays qui partagent cette langue à travers le monde ?

_____

_____

_____

5   Qu'est-ce que les pays suivants ont en commun ?

• La France et le Québec : _____

• Madagascar et la Côte d'Ivoire : _____

_____

Conférence des pays ayant le français en partage (Hanoi, 1997).

UN PARI POLITIQUE ET CULTUREL

• La première conférence des pays qui ont le français en partage se réunit à Versailles en 1986 : elle veut offrir un forum original de **dialogue entre les pays développés du Nord et les pays en voie de développement du Sud** ; elle souhaite apporter une aide aux pays les plus défavorisés ; elle entend relever les défis des technologies du futur.

• Au fil du temps, les différentes conférences (Québec, 1987 ; Dakar, 1989 ; Chaillot à Paris, 1991) s'occupent de solidarité économique, de questions d'écologie, de problèmes d'éducation et de formation.

• Les conférences qui suivent (île Maurice, 1993 ; Cotonou, 1995 ; Hanoi, 1997 ; Moncton, 1999) sont marquées par l'ouverture de la francophonie à des pays où le français est très minoritaire et par la création d'institutions qui transforment le mouvement en une véritable **organisation multilatérale**. Cette organisation s'occupe des problèmes de développement, de démocratie politique et des conflits ethniques en Afrique. Politiquement, la communauté francophone est une réalité.

De la même manière, les cultures francophones sont devenues des réalités.

Littérature, musique, arts plastiques, cinéma, mode vestimentaire, objets du quotidien, la culture francophone est partout.

• En **littérature**, depuis le prix Goncourt de Tahar Ben Jelloun en 1987 puis de l'Antillais Patrick Chamoiseau en 1992, après celui de la Québécoise Antonine Maillet, saison après saison, les écrivains francophones imposent la richesse de leur imaginaire et de leur langue : l'Ivoirien Ahmadou Kourouma (prix Renaudot et Goncourt des lycéens 2000) avec *Allah n'est pas obligé* en est une nouvelle preuve.

• En **musique**, le son francophone avec le raï de Faudel, Taha et Khaled, avec les rappeurs mais aussi avec les musiques sénégalaises de Youssou N'Dour ou de Cheikh Lô ou camerounaises de Richard Bona, est en train de s'imposer un peu partout à travers le monde.

• Une nouvelle génération de réalisateurs s'impose au **cinéma** : ils sont vietnamiens (Tran Ahn Hong...), belges (Lucas Belvaux, Luc et Jean-Pierre Dardenne), tunisiens (Karim Dridi, Nouri Bouzid), marocains (Moumen Smihi, Nabil Ayouch, Aouled Syad...), libanais (Ghassan Salhab...), maliens (Cheick Ouma Sissoko...), guinéens (Cheik Doukoure...), algériens (Bourlem Guerdjou...).

• La **culture quotidienne** se fait aussi francophone : tissus, objets de décoration, matériaux, bijoux sont recherchés.

1 Associez chacune des villes suivantes avec l'un des pays indiqués.

Villes ➡

Versailles •
Dakar •
Cotonou •
Hanoi •
Moncton •

• le Sénégal
• le Canada
• le Bénin
• la France
• le Vietnam

⬅ Pays

2 Associez chacun des pays ou provinces suivants avec la région du monde indiquée.

Pays ou provinces ➡

le Cameroun •
le Maroc •
Madagascar •
le Québec •
la Côte d'Ivoire •
l'île Maurice •

• Afrique du Nord ⬅ Régions du monde
• Afrique occidentale
• Amérique du Nord
• Océan Indien
• Afrique centrale

3 Comment la francophonie est-elle devenue une réalité politique ?

_____

_____

4 Pourquoi la présence du français dans les technologies de communication comme l'Internet est-elle importante pour l'avenir de la francophonie ?

_____

_____

5 Alors qu'elles étaient considérées comme des cultures marginales, comment les cultures francophones sont-elles devenues une source d'inspiration pour la culture et la vie quotidienne en France ?

_____

_____

_____

6 Par quels moyens la francophonie contribue-t-elle à la promotion de la diversité culturelle dans le monde ?

_____

_____

_____

Médecins sans frontières au Kosovo en 1999.

L'AIDE AU DÉVELOPPEMENT

La France a un lourd héritage colonial, ce qui lui crée des **devoirs** à l'égard de ses anciennes colonies.

C'est là qu'elle va faire porter son effort de coopération. Elle crée un ministère spécial, le ministère de la Coopération, qui va jouer un rôle important en Afrique. Le principal instrument de solidarité est le franc CFA qui permet à l'Afrique francophone de disposer d'une monnaie stable et convertible.

Depuis les indépendances (1956-1962), la France a mis en place des **programmes spécifiques d'aide** pour ces pays : assistance technique, scolarisation, formation de cadres administratifs, programmes de santé. Des missions d'aide et de coopération, l'envoi de milliers de coopérants techniques et d'enseignants ont permis la mise en œuvre de ces programmes.

Aujourd'hui, cette aide doit faire face à la crise de la plupart des États : crise économique due à la baisse des prix des matières premières (café, cacao, huile) ; crise sociale à cause de la croissance des villes et de la disparition des structures villageoises ; crise politique avec les nombreux conflits et coups d'État.

À présent, l'action de la France s'inscrit dans un ensemble plus vaste d'aide au développement. **Dialogue Nord-Sud**, prise en charge par les pays de leur propre développement, grands programmes multilatéraux donnent un nouveau cadre à l'action de la France. Son ambition est de consacrer 1 % de son PNB à cette aide.

■ Médecins sans frontières

Tout a commencé en 1971 après le conflit ethnique du Biafra : Bernard Kouchner et quelques amis médecins décidaient de fonder MSF, la première organisation non gouvernementale d'aide médicale au monde, prix Nobel de la paix en 1999.

Kosovo, Niger, Timor, Soudan, Burundi, Afghanistan, ceux qu'on appelle affectueusement les « french doctors » sont aujourd'hui présents dans une quarantaine de pays. Ils sont hommes et femmes, médecins, infirmiers, techniciens et ils ont entre vingt-cinq et trente-cinq ans. Ils ont rejoint MSF par humanisme, par générosité, par curiosité du monde, pour découvrir autrui, vivre plus intensément ou s'endurcir. Tous ont choisi de donner quelques années de leur vie à une action humanitaire qui fournit une aide médicale aux victimes de guerres civiles et de catastrophes naturelles.

MSF possède aujourd'hui cinq centres opérationnels en France, Suisse, Belgique, Espagne, Pays-Bas. MSF France envoie un millier de volontaires à travers le monde et gère un budget de 76 millions d'euros dont 85 % proviennent de fonds privés. Chaque volontaire reçoit 610 euros par mois.

office@paris.msf.org

1 Dans quelles principales régions du monde se trouvaient les anciennes colonies françaises ?

_____

_____

2 À votre avis, les pays possédant autrefois un empire colonial ont-ils aujourd'hui le devoir d'aider leurs anciennes colonies ? Justifiez votre opinion.

_____

_____

3 Sous quelles formes la France fournit-elle de l'aide à ses anciennes colonies ?

_____

_____

4 Expliquez les raisons de la crise que traversent aujourd'hui les pays en voie de développement.

_____

_____

_____

5 Quels moyens sont proposés pour aider ces pays à sortir de la crise ?

_____

_____

6 Qu'est-ce qui conduit les gens à participer activement à la mission humanitaire de Médecins sans frontières ?

_____

_____

7 Comparez l'image auprès du grand public de l'aide humanitaire fournie par les « french doctors » et celle de la France qui consacre une partie du budget national à l'aide aux pays en voie de développement.

_____

_____

_____

13 UNE ÉCONOMIE QUI S'EXPORTE

Carrefour, entreprise française de la grande distribution, est très implantée à l'étranger.

L'IMAGE ÉCONOMIQUE

À la fin de la Seconde Guerre mondiale, la France occupe le 21ᵉ rang ; elle est aujourd'hui la 4ᵉ puissance économique mondiale et la 2ᵉ puissance mondiale pour les exportations par habitant. Pourtant, malgré ces performances, la France donne l'image d'un pays au caractère agricole et touristique très marqué, à côté toutefois de quelques réussites industrielles spectaculaires.

Dans les pays anglo-saxons, son image économique est celle d'un pays **centralisé** et **dirigiste**, peu ouvert sur l'extérieur. Il est vrai que la reconstruction de l'économie française doit beaucoup au rôle de l'État qui a su organiser, investir, structurer et produire.

Aujourd'hui, l'économie française s'inscrit dans un régime d'**économie libérale**, ouverte à la concurrence européenne et mondiale. Elle a su créer de grandes **entreprises multinationales** dans tous les domaines : TotalFinaElf (pétrole), Alcatel (industries électriques et électroniques), Vivendi Universal (téléphonie, multimédia, produits culturels), EADS (Airbus, Ariane, armement), Carrefour (grande distribution), Axa (assurances), Renault (automobiles), Michelin (pneus), Accor (tourisme hôtelier), BNP-Paribas (banque), Danone (produits alimentaires et eau minérale).

Fortement exportatrice, la France est aussi le troisième investisseur mondial à l'étranger.

Malgré des performances économiques réelles, l'image discrète de la puissance de l'économie française s'explique peut-être par le nombre très restreint de produits ou de marques françaises utilisés au quotidien à travers le monde.

A C T I V I T É S

1 Quels sont les éléments qui montrent que l'économie française a fait des progrès spectaculaires depuis la Seconde Guerre mondiale ?

_____

_____

_____

_____

2 Quelle est la différence entre une économie nationale dans laquelle l'État joue un rôle dirigiste et une économie libérale ? Comment peut-on alors caractériser l'économie française ?

_____

_____

_____

_____

3 Citez plusieurs domaines dans lesquels des entreprises françaises sont devenues des multinationales.

_____

_____

_____

4 Quels sont les deux moyens par lesquels l'économie française se développe à l'étranger ?

_____

_____

_____

5 Pourquoi le succès de l'économie française n'est-il pas mieux reconnu à l'étranger ?

_____

_____

_____

6 Pouvez-vous citer des marques ou des produits français qui font partie de la vie quotidienne de votre pays ? Si oui, donnez des exemples.

_____

_____

La présence internationale des grandes marques françaises de luxe.

UNE PUISSANCE COMMERCIALE

La France est un des pays les plus ouverts sur l'extérieur. Près d'un quart de sa richesse dépend de ses ventes à l'étranger. C'est moins que l'Allemagne mais plus que le Japon ou les États-Unis.

En quarante ans, les Français ont appris la compétitivité industrielle et l'agressivité commerciale : la construction européenne a largement contribué à ce changement.

La France est donc plongée dans la **compétition internationale**. Ses points forts sont les exportations agroalimentaires, les produits manufacturés (avions, automobiles, matériel militaire, bateaux de plaisance et bateaux de croisière, télécommunications) et les services (distribution commerciale, assurances, banques, travaux publics, traitement des eaux, tourisme).

Les principaux **partenaires commerciaux** de la France sont l'Allemagne (1er client, 1er fournisseur), les États-Unis, la Grande-Bretagne, l'Italie, mais aussi l'Espagne et le Portugal ainsi que la Pologne.

Aujourd'hui, les entreprises françaises choisissent de **s'implanter** directement **à l'étranger** : pas seulement les grandes comme Renault mais aussi les petites : en Espagne, on compte ainsi 1 400 entreprises françaises.

La France est d'autre part un pays très accueillant pour les **investisseurs étrangers** qui participent fortement à la richesse nationale et à la création d'emplois.

Pourtant, en dépit de tels succès, l'image persiste du village gaulois d'Astérix, d'une France repliée sur elle-même ; on est loin de la réalité d'une France toujours plus internationalisée.

1 Comment se situe la France par rapport à l'Allemagne, au Japon et aux États-Unis en ce qui concerne le niveau des exportations ?

_____

_____

_____

2 Qu'est-ce qui a obligé la France à devenir plus compétitive ?

_____

_____

_____

3 Dans quels secteurs économiques la France connaît-elle un grand succès international ?

_____

_____

_____

4 Avec quels pays les échanges commerciaux sont-ils les plus importants ?

_____

_____

_____

5 Voici la liste des quatorze premiers groupes français classés par leur chiffre d'affaires en 2001 :
TotalFinaElf ; Carrefour ; PSA (Peugeot-Citroën) ; Renault ; France Télécom ; Alcatel ; Saint-Gobain ; Casino ; PPR (Pinault-Printemps-Redoute) ; Aventis (chimie) ; Michelin ; Danone ; Laforge ; Pechiney.

Parmi ces groupes, y a-t-il des groupes que vous connaissez en raison de leur présence dans votre pays ? Si oui, lesquels ? Dites pourquoi vous les connaissez.

_____

_____

6 Quelle est l'image que vous vous faites de la France en tant que puissance commerciale ? Est-ce l'image d'un pays ouvert ou fermé à la compétition internationale ?

_____

_____

_____

14 UNE PUISSANCE AGRICOLE

LA DEUXIÈME PUISSANCE AGRICOLE MONDIALE

Une terre fertile, un climat modéré ont permis très tôt à la France de développer un **mode de vie rural** et une **agriculture diversifiée**. Le tableau de Millet *L'Angelus* (1859) est le symbole de cette France paysanne, laborieuse, nombreuse, conservatrice et catholique. Cette vision a été dominante jusqu'au milieu du XXe siècle.

Le Salon de l'Agriculture a lieu chaque année à Paris.

Premier producteur agricole européen, deuxième exportateur mondial de produits agricoles et agroalimentaires, l'agriculture française est devenue une **agriculture industrielle**. Elle se caractérise par une forte concentration des exploitations agricoles (640 000) et de la population agricole : on ne compte plus que 650 000 agriculteurs contre 7 millions en 1946 !

L'agriculture s'est aussi **spécialisée** : élevage industriel en Bretagne, lait dans le Grand Ouest (Basse-Normandie, Bretagne, Pays de la Loire), céréales dans le Bassin parisien et le Sud-Ouest, culture de la vigne, arbres fruitiers, légumes dans le Sud-Est.

L'**élevage** s'est lui aussi fortement **concentré** : à côté des grandes races à viande (charolaise, limousine), il ne reste que deux races laitières (la frisonne et la montbéliarde). La moitié de l'élevage de porcs se concentre en Bretagne. La volaille est la viande la plus produite en France.

L'image traditionnelle du **paysan** ne correspond plus à la réalité d'aujourd'hui : c'est un **entrepreneur** ; il est informé des nouvelles techniques et beaucoup de ses tâches sont automatisées ; enfin, son mode de vie ressemble à celui des citadins.

Pourtant, il y a une crise de la vocation agricole : les jeunes hésitent à reprendre les fermes de leurs parents et les hommes ont beaucoup de mal à trouver des compagnes qui acceptent la dureté de la vie à la ferme.

Les problèmes de **pollution** (utilisation massive des engrais), les **choix alimentaires** (modifications génétiques), une **productivité excessive** pour l'élevage ont transformé l'image du monde agricole : autrefois paysan respectueux et protecteur de la nature, aujourd'hui agriculteur pollueur.

1 Quels avantages naturels ont favorisé le développement d'une agriculture diversifiée en France ?

_____

_____

_____

_____

2 Quelle position occupe l'agriculture française :

• en Europe ? _____

_____

_____

• dans le monde ? _____

_____

_____

3 Donnez des exemples qui illustrent :

• la forte baisse du nombre de petites exploitations : _____

_____

• la diminution rapide de la population agricole : _____

_____

• la spécialisation de l'agriculture dans certaines régions : _____

_____

• la modernité de l'agriculture française : _____

_____

_____

4 Comparez la vie du paysan d'autrefois et celle de l'agriculteur moderne.

_____

_____

_____

_____

L'INDUSTRIE AGROALIMENTAIRE ET LE MONDE RURAL

En 1950, un agriculteur français pouvait nourrir huit de ses concitoyens, aujourd'hui il peut en nourrir trente. De plus, aujourd'hui, 75 % des Français vivent en ville ou autour des villes ; alors que le monde agricole ne représente plus que 13 % de la population rurale.

4e producteur mondial de blé, 1er producteur mondial de betteraves à sucre, 3e producteur de fruits et légumes, 3e rang mondial pour le tournesol et 4e pour le colza, 4e producteur mondial de viande bovine, 3e pour le porc et 1er pour la volaille, les résultats de l'agriculture française sont impressionnants.

Cette réussite doit beaucoup à la **politique agricole commune** de l'Union européenne dont la France a été la première bénéficiaire.

Le secteur des produits agricoles et agroalimentaires est composé de six **grands groupes industriels** : les viandes avec l'apparition de groupes comme Socopa ou Doux ; les céréales avec les biscuits, les pâtes alimentaires où Danone est leader européen ; les produits laitiers (yaourts, fromages) où les firmes ont un niveau mondial (Danone, Besnier, Bongrain et Bel) ; l'huile et le sucre dominés par le suisse Nestlé ; les boissons avec Pernod-Ricard (alcools), Danone (n° 1 mondial de l'eau minérale), LVMH (champagne et cognac) ; les conserves sont le secteur de petites et moyennes entreprises.

Grandes régions agricoles et industries agroalimentaires sont très liées : ainsi, les usines d'embouteillage des eaux minérales sont près des sources, les caves de champagne près de Reims et d'Épernay, Ricard à Marseille, sa région d'origine, l'huile Lesieur à Dunkerque et le rhum Negrita à Bordeaux, tous deux anciens ports coloniaux importateurs de produits tropicaux.

L'espace rural est aujourd'hui synonyme de **mieux vivre**, de vivre autrement. Cette tendance est visible à travers le succès que connaissent le tourisme vert, le Salon de l'Agriculture, les marchés de produits fermiers ou biologiques, le retour à une gastronomie de terroir (cassoulet, choucroute). Enfin, le monde rural a trouvé son champion avec José Bové, leader du **combat contre la mondialisation**.

Le porte-parole de la Confédération agricole, José Bové, pousse un chariot rempli de produits fabriqués à base de plants transgéniques, en avril 2000 dans un supermarché de Toulouse, lors d'une action pour dénoncer les dangers des aliments contenant des organismes génétiquement modifiés (OGM).

ACTIVITÉS

1 Comment la production agricole a-t-elle évolué en France ?

_____

_____

_____

2 La politique agricole commune (PAC) représente 80 % du budget de l'Union européenne.
Voici la répartition des dépenses de la PAC pour huit pays de l'Union européenne :
France (22,3 %) ; Allemagne (14,8 %) ; Espagne (14,1 %) ; Italie (11,3 %) ; Royaume-Uni (10,2 %) ;
Grèce (6,8 %) ; Irlande (4 %) ; Pays-Bas (3,2 %).

Quel portrait cette répartition donne-t-elle de l'agriculture en Europe et de la place de l'agriculture française ?

_____

_____

_____

3 Les produits de la multinationale Danone sont très diversifiés. Donnez trois exemples de cette diversification.

_____

_____

_____

4 Qu'est-ce qui a incité certains groupes de production à s'installer dans un endroit précis ?

_____

_____

_____

5 Qu'est-ce qui révèle que le grand public s'intéresse aujourd'hui à l'espace rural ?

_____

_____

6 Comparez la vie rurale et la vie urbaine dans votre pays. Laquelle préférez-vous ? Pourquoi ?

_____

_____

_____

15 UNE INDUSTRIE INNOVANTE

LES TRANSPORTS

Airbus, TGV (train à grande vitesse), Renault, Peugeot-Citroën... la France occupe dans le domaine des transports une place de tout premier plan.

- **L'aéronautique** et l'**aérospatiale** connaissent des succès spectaculaires. Dans ces domaines, la France a une vieille tradition d'aventuriers (Mermoz, Saint-Exupéry) et d'ingénieurs (Dassault). La volonté de l'État, des entrepreneurs dynamiques, la dimension européenne donnée à l'ensemble de ces activités ont contribué au développement de ce secteur.

EADS est aujourd'hui le troisième constructeur mondial : avec Airbus et sa gamme d'avions, véritable réussite technologique et commerciale, et Ariane, premier lanceur européen, mais aussi avec des hélicoptères et du matériel militaire.

- Dans le domaine des **chemins de fer**, le lancement du TGV et son succès commercial ont été à l'origine d'un nouvel intérêt pour ce mode de transport. TGV Sud-Est et Méditerranée, TGV Atlantique, Eurostar franco-britanique, Thalys franco-belge forment la base d'un futur réseau européen de TGV.

- La France connaît également une grande réussite dans la construction des **métros** : Mexico, Montréal, Le Caire, Athènes, Rio ont un métro français.

- **L'industrie automobile** est aussi un des secteurs les plus dynamiques de l'industrie française. Renault et Peugeot-Citroën ont su s'adapter, se moderniser et proposer des modèles attractifs comme la Clio, la Scenic, l'Espace ou la 206. Ils exportent plus de 50 % de leur production. Les deux marques sont également présentes dans la compétition sportive : Peugeot excelle dans les rallyes, Renault dans la conception de moteurs de Formule 1. Il faut aussi associer Michelin, le deuxième constructeur mondial de pneumatiques, à la réussite de cette industrie.

Symbole de l'innovation technologique : le train à grande vitesse (TGV).

A C T I V I T É S

1 **Citez le nom :**

• d'un avion construit en France : _____

• d'un lanceur de satellites construit en France : _____

• d'un train construit en France : _____

• de trois marques de voitures françaises : _____

2 **Qu'est-ce qui a contribué aux succès de l'industrie aéronautique et aérospatiale française ?**

_____

_____

_____

3 **Depuis l'inauguration de la première ligne de train à grande vitesse en 1981, comment le TGV a-t-il transformé les chemins de fer en France ?**

_____

_____

_____

4 **Qu'est-ce qui permet à l'industrie automobile française de rester compétitive et d'augmenter ses ventes ?**

_____

_____

_____

_____

5 **Comment Michelin est-il associé au succès de l'industrie automobile française ?**

_____

_____

_____

6 **Le Salon automobile de Paris, appelé aujourd'hui le Mondial de l'automobile, a fêté en 1998 son centième anniversaire en attirant 1 250 000 visiteurs. Essayez de dire pourquoi cet événement attire toujours autant de monde.**

_____

_____

_____

_____

Les éoliennes : une nouvelle source d'énergie en France.

L'ÉNERGIE

L'**indépendance énergétique** de la France a été un souci constant de ses dirigeants depuis plus d'un siècle. Assurer l'approvisionnement en pétrole a constitué une priorité politique, économique et industrielle.

La France a cherché ailleurs ce qu'elle n'avait pas chez elle. Deux sociétés nationales aujourd'hui privatisées et fusionnées, Total et Elf, ont permis de construire le quatrième groupe pétrolier mondial et le cinquième chimiste.

TotalFinaElf emploie aujourd'hui 157 000 personnes, assure une production annuelle de 105 millions de tonnes et possède des réserves qui se chiffrent à 1,3 milliard de tonnes réparties en Afrique (30 %), au Moyen-Orient (15 %), en Amérique du Sud (23 %), en Amérique du Nord (9 %) et en Asie (7 %).

À la suite de la crise pétrolière de 1973, le gouvernement français décide de mettre en œuvre un vaste programme d'équipement du pays en **centrales nucléaires**. Aujourd'hui, 75 % de l'électricité est produite par les cinquante unités de production des centrales nucléaires : la France est ainsi le deuxième producteur mondial d'électricité d'origine nucléaire.

EDF (Électricité de France), entreprise nationale, est le principal responsable de tout ce programme : il construit les centrales, les gère et exporte l'électricité produite.

Les écologistes ont beaucoup lutté contre ce choix technologique et industriel, contre le manque d'informations sur les risques ; ils ont obtenu que le réacteur surgénérateur Superphénix soit arrêté et qu'aucune nouvelle unité de centrale nucléaire ne soit construite.

Cependant, l'opinion publique, à plus de 50 %, est favorable au nucléaire.

La découverte du gaz à Lacq dans les Pyrénées a permis d'équiper la France en pipeline et réseaux urbains. GDF (Gaz de France), entreprise nationale, en assure la gestion.

Les écologistes souhaitent le développement d'une nouvelle source d'énergie naturelle : le vent. Dans les parties de la France exposées au vent, on installe aujourd'hui des éoliennes pour capter cette énergie.

ACTIVITÉS

1 Pourquoi la France a-t-elle été sévèrement frappée par la crise pétrolière de 1973 qui met fin aux trente années de croissance économique depuis la Seconde Guerre mondiale ?

2 Suite à cette crise, quel programme le gouvernement a-t-il adopté pour approvisionner la France en électricité ?

3 Pourquoi une partie de la population est-elle contre les centrales nucléaires ?

4 Quelle source d'énergie ces adversaires des centrales nucléaires voudraient-ils exploiter ?

5 Comment s'appellent les entreprises publiques (contrôlées par l'État) qui sont responsables de l'électricité et du gaz en France ?

LA COMMUNICATION

Partie en retard dans de nombreux domaines des industries de la communication, la France est pourtant devenue un des opérateurs les plus importants dans ce secteur.

Si elle a raté les premiers développements du **téléphone**, elle a connu une évolution spectaculaire à partir de la fin des années 1960 ; cet équipement téléphonique tardif s'est accompagné de la constitution d'un grand opérateur public, France Telecom, et du développement d'un grand groupe industriel privé, Alcatel.

L'aventure du **Minitel** au début des années 1980 s'est traduite par le développement d'un des **réseaux télématiques** les plus modernes du monde. Cette boîte marron, reliée au réseau téléphonique, a été installée gratuitement chez six millions de Français. Elle a permis aux Français d'acquérir un savoir-faire dans la vente de services en ligne et de se familiariser avec ce type de services : le Minitel a offert jusqu'à 17 000 services en ligne permettant de commander un billet de train ou d'avion, de s'inscrire à l'université, de connaître ses résultats aux examens, d'acheter toutes sortes de produits...

Les technologies de la communication et de l'information ont surpris les Français installés dans leur confort téléphonique et télématique des années 1980.

La **téléphonie mobile** concerne aujourd'hui 30 millions de Français équipés de portables et l'**Internet** public, privé et commercial progresse très rapidement. Au côté de France Telecom, un nouveau géant du secteur est apparu : Vivendi Universal, qui regroupe les activités du téléphone, de l'Internet, de la télévision et des industries du spectacle. C'est aujourd'hui le deuxième groupe mondial de communication.

Pour entrer pleinement dans l'ère des technologies de l'information et de la communication, la France a développé de grandes **technopoles** qui regroupent entreprises, laboratoires et universités : l'Ile-de-France, Lyon, Grenoble, mais aussi Toulouse, Montpellier et Rennes sont

Les Français ont adopté massivement le « portable ».

parmi les plus importantes. La plus originale est Sophia-Antipolis, sur la Côte d'Azur, qui regroupe sur dix communes 17 000 salariés, 1 100 entreprises et 5 000 étudiants : c'est là que Microsoft est installé depuis 1995.

■ Mémoire de téléphone

Plus personne ne se souvient du *22 à Asnières* : c'était un **sketch** comique qui se moquait du sous-équipement téléphonique de la France ; il y avait aussi le joli sketch du *Télégramme*, un délicieux dialogue entre une demoiselle des postes, Simone Signoret, et un jeune homme romantique, Yves Montand...

Il y eut plus tard le grinçant Nino Ferrer et sa **chanson** *Gaston, y'a le téléfon qui son mais y'a person qui y répond...*

Au **cinéma** reste la fameuse scène de Jeanne Moreau dans la cabine de téléphone d'*Ascenseur pour l'échafaud* sur une musique de Miles Davis ; plus coquin, *Le Téléphone rose*, qui désigne les utilisatrices pleines de charme qu'on peut rencontrer au bout de la ligne ; plus comique, Louis de Funès qui s'acharne à vouloir composer un numéro de téléphone avec les doigts pleins de chewing-gum : c'était dans *Les Aventures de rabbi Jacob*.

Des technopoles dans les quatre cinquièmes des régions

● technopole

---

1 L'expansion des technopoles dessine une nouvelle géographie économique de la France. Les technopoles se spécialisent dans les technologies de l'information et de la communication ainsi que dans les biotechnologies et les nouveaux matériaux.

1. Dans quelles parties de la France y a-t-il une concentration de technopoles ?

_____

_____

2. Dans quelle partie de la France ne trouve-t-on pas de technopoles ?

_____

_____

3. Qu'est-ce que l'expansion des technopoles signifie pour l'avenir de la France dans le domaine des nouvelles technologies ?

_____

_____

2 Plus de 60 % des Français possèdent un téléphone mobile en 2001 et on estime que 40 % des abonnés au téléphone mobile disposeront d'un accès Internet depuis leur portable en 2004. Le portable est-il aussi une forme de communication populaire dans votre pays ? Comment peut-on expliquer la rapidité d'adoption du portable et sa popularité ?

_____

_____

_____

16

UNE INDUSTRIE DE L'ART DE VIVRE

L'INDUSTRIE DU LUXE

Place Vendôme pour les **bijoux**, rue du Faubourg-Saint-Honoré pour le **prêt-à-porter de luxe**, avenue Montaigne pour la **haute couture**, on appelle ça le triangle d'or. C'est là que se trouve réuni tout ce qui peut faire rêver et fait de Paris la capitale qui a inventé le luxe. Aujourd'hui, le luxe est une industrie qui rapporte beaucoup d'argent.

Le tailleur et la petite robe noire de Chanel, le new look de Dior, le smoking de Saint Laurent, les parfums Guerlain, les foulards Hermès, les sacs Vuitton, la gastronomie chez Fauchon, tous ces noms sont synonymes de beauté, d'élégance et d'un art de vivre qui contribuent beaucoup à façonner une certaine image de la France.

Coco Chanel a inventé le luxe moderne en l'adaptant à un monde qui bouge et Pierre Cardin a élargi son marché en créant le prêt-à-porter et son mode de diffusion

De nouveaux **créateurs** (Jean-Paul Gaultier), de nouvelles **boutiques d'art de vivre** (Colette), de nouveaux **designers** (Philippe Starck) permettent à ce secteur du luxe de s'adapter aux nouvelles formes

Espace des grandes marques de parfumerie aux Galeries Lafayette, à Paris.

de vie et aux nouvelles exigences de ce marché.

Cette industrie du luxe est aujourd'hui regroupée dans deux grandes multinationales du luxe qui réunissent la mode, les parfums, les vins fins et spiritueux, la distribution de luxe et le marché des objets d'art (LVMH dirigé par B. Arnault et Pinault-Printemps-Redoute dirigé par F. Pinault).

L'ensemble des métiers du luxe est rassemblé dans une association, le Comité Colbert, qui veille au maintien de cette image haut de gamme.

■ Profession : jeune créateur

Il a fallu une robe, portée par Björk au Festival de Cannes 2000 à l'occasion de la présentation de *Dancer in the Dark*, pour qu'ils deviennent immédiatement célèbres. Matthieu Bureau et Alexandre Morgado, dits Alexandre Matthieu, font partie de ces jeunes créateurs nés avec la crise économique. Loin du marketing et de l'image, contre le minimalisme des années de crise, le jeune créateur impose ses envies, ses fantaisies et prend son inspiration dans la vie. Le Festival des arts de la mode de Hyères lui offre ses premiers rendez-vous ; très vite remarqué, il est devenu célèbre à Tokyo.

1 La place Vendôme, la rue du Faubourg-Saint-Honoré et l'avenue Montaigne se trouvent sur la rive droite de la Seine. Retrouvez sur un plan de Paris ces adresses et dites dans quelle activité économique elles se sont spécialisées.

_____

_____

_____

_____

2 Citez le nom de cinq grandes marques du luxe français.

_____

_____

3 Choisissez un créateur de mode français et dites pourquoi il est célèbre.

_____

_____

_____

_____

4 Depuis plus d'un siècle, Paris est la capitale de la mode. Les collections de haute couture et de prêt-à-porter qui y sont présentées deux fois par an ont une influence internationale sur le style et la couleur des vêtements. Quelle image de la France est ainsi créée ?

_____

_____

_____

_____

5 Pourquoi l'industrie du luxe et de la beauté est-elle devenue un secteur économique et culturel important pour la France ?

_____

_____

_____

_____

LA GASTRONOMIE

« Comment voulez-vous gouverner un pays qui a trois cent cinquante sortes de fromages ? » Ce bon mot du général de Gaulle montre à quel point la gastronomie est partout, y compris en politique... En témoignent le roi Henri IV et sa « poule au pot », Marie-Antoinette proclamant : « Qu'ils mangent de la brioche ! », les banquets républicains de la

Un plateau de fromages.

Révolution et les innombrables images culinaires qu'on trouve dans le vocabulaire : on parle de « cuisine politique », de « pot-de-vin », de « panier de crabes », etc.

La gastronomie, les plaisirs de la table sont **le premier sujet de conversation** des Français... à table. Ils sont à l'origine d'un nombre considérable d'ouvrages, guides, livres de recettes, livres de grands cuisiniers, et de nombreuses émissions de radio et de télévision. Parmi les plus célèbres, le guide Michelin né en 1900 qui donne des étoiles (de une à trois), et le guide Gault et Millau qui donne des notes (sur 20).

La gastronomie est devenue un art : Vatel (XVIIᵉ s.), Carême (XVIIIᵉ s.), Escoffier (XIXᵉ s.) et Curnonsky (XXᵉ s.) en sont les pères. Mais ce sont surtout les femmes, celles qu'on appelait « les mères » comme la célèbre mère Blanc, qui ont créé et entretenu les **traditions de la gastronomie** française.

Aujourd'hui, on assiste à une médiatisation très forte des grands chefs du fourneau, devenus aussi célèbres que les grands couturiers : tout a commencé avec Paul Bocuse, inventeur de la **nouvelle cuisine** qui se veut plus légère et plus respectueuse des produits et des saveurs. Joël Robuchon, Alain Ducasse et d'autres continuent cette tradition.

Il ne faudrait cependant pas oublier cette gastronomie du quotidien qui se transmet de génération en génération ; une gastronomie faite des **produits régionaux** et de **traditions familiales** qui coupent la France en deux : au nord, la cuisine au beurre, au sud, la cuisine à l'huile.

■ Des fromages au choix

Comme pour les vins, certaines régions sont célèbres pour leurs fromages, telle la Normandie pour le camembert. Le roquefort, fromage bleu fabriqué avec du lait de brebis dans le centre de la France, est devenu pour José Bové le symbole de sa lutte contre une alimentation industrielle internationale. 93 % des Français mangent du fromage régulièrement : 11 % en mangent 25 fois par semaine, 33 % 14 fois et 56 % 6 fois. « Du pain, du vin et du fromage » : pour beaucoup de Français, c'est ça le vrai plaisir gastronomique.

ACTIVITÉS

1 Reliez le personnage historique avec la phrase célèbre qu'il a prononcée :

Le roi Henri IV (1553-1610)
à propos de la prospérité du royaume. •

La reine Marie-Antoinette (1755-1793)
à propos de la misère d'un pays en révolution. •

Le général de Gaulle (1890-1970)
à propos d'un pays ingouvernable. •

• « Comment voulez-vous gouverner un pays qui a 350 sortes de fromages ? »

• « Je veux que tout le monde puisse manger de la poule au pot chaque dimanche. »

• « Ils n'ont pas de pain, qu'ils mangent de la brioche ! »

2 Associez le sens aux expressions familières suivantes :

« la cuisine politique » •

« le panier de crabes » •

« un pot-de-vin » •

• une somme d'argent frauduleuse

• un groupe de personnes qui se disputent

• des manœuvres politiques douteuses

3 Les grands chefs, animés par la créativité et le désir de perfection, font de la haute cuisine. Les grands couturiers, dans le domaine de la mode, font de la haute couture. Qu'est-ce qui est comparable entre la haute cuisine et la haute couture ?

_____

_____

_____

4 Qu'est-ce que l'importance accordée aux guides gastronomiques révèle du comportement des Français ?

_____

_____

5 Citez trois noms de fromages français. Quelle place occupent les fromages dans la tradition gastronomique de votre pays ?

_____

_____

6 La France est le pays où la gastronomie est devenue un art national et où les restaurants des grands chefs sont très célèbres. Essayez de dire pourquoi.

_____

_____

LE TOURISME

La France accueille chaque année plus de 70 millions de touristes : c'est la **première destination touristique** avec les États-Unis. Allemands, Anglais, Néerlandais et Belges, Italiens sont les groupes de visiteurs les plus importants.

La géographie et ses paysages, le climat, le domaine maritime varié, l'histoire, le patrimoine et la culture expliquent ce succès.

Les principales destinations sont :

• Paris, l'Île-de-France et la vallée de la Loire avec leur richesse artistique, leurs châteaux et leurs parcs d'attractions ;

• la Provence et la Côte d'Azur pour leur climat, les paysages de Cézanne et Van Gogh, leurs villages et une tradition de villégiature luxueuse (Nice, Cannes, Monaco) ;

• le Grand Ouest (Normandie, Bretagne, Vendée) pour la beauté de ses côtes, ses immenses plages et ses sites historiques (plages du Débarquement, Saint-Malo) et artistiques (Mont-Saint-Michel) ;

• les Alpes pour les sports de neige ;

• le Sud-Ouest pour ses côtes, les sports de glisse et le tourisme religieux (Lourdes).

Une touriste choisissant des cartes postales de Paris.
On peut voir, de haut en bas, La Joconde (musée du Louvre),
l'Arc de triomphe et les Champs-Élysées,
le pont Alexandre-III et la tour Eiffel,
le Centre Georges-Pompidou.

■ Où vont-ils ?

• *Monuments les plus visités* : Notre-Dame de Paris (12 millions), Centre Georges-Pompidou (6 millions), Louvre (6 millions), tour Eiffel (5 à 6 millions), Cité des sciences de la Villette (3,5 millions).
• *Parcs d'attractions* : Disneyland (13 millions), Futuroscope (3 millions), Astérix (2 millions).

La France a su aussi adapter son offre touristique : le Club Med a inventé le concept de **club de vacances** ; Nouvelles Frontières a su proposer les vacances pas chères et astucieuses pour un public jeune ; le monde rural propose aujourd'hui un **tourisme vert** qui rencontre toujours plus de succès.

1 Quelle place occupe la France comme destination touristique mondiale ?

_____

_____

_____

2 Où vont les touristes en France pour :

• faire du ski : _____

_____

• se bronzer sur une plage ensoleillée : _____

_____

• faire du surf : _____

_____

• voir dans le Midi des paysages qui ont inspiré des peintres : _____

_____

• visiter une cathédrale gothique célèbre : _____

_____

• visiter des châteaux du XVIe siècle : _____

_____

• visiter un site historique : _____

_____

• visiter un lieu de pèlerinage religieux : _____

_____

• visiter l'un des plus grands musées du monde : _____

_____

3 On vous offre un voyage de quinze jours en France. Qu'est-ce que vous voudriez voir ?
Dites pourquoi et préparez un itinéraire pour votre séjour.

_____

_____

_____

_____

_____

_____

_____

17

EN FAMILLE

ÉTATS CIVILS

Dans le film *La Bûche* (du nom du gâteau traditionnel de Noël), trois sœurs se retrouvent pour fêter Noël : l'une a réussi un mariage bourgeois et s'occupe de ses enfants ; l'autre est célibataire, enceinte et attend un amant qui lui promet le bonheur depuis quinze ans ; la troisième apprend qu'elle n'est que leur demi-sœur par la mère et toutes les trois découvrent qu'elles ont un demi-frère par leur père... Ainsi va la famille française, décomposée et recomposée.

Vive les mariés !

• **Le mariage** reste un mode de vie en commun important pour les 300 000 couples qui choisissent de s'unir à la mairie d'abord (le seul mariage légal est le mariage civil à la mairie), à l'église ensuite (52 % d'entre eux). On se marie souvent après une longue période de cohabitation et de plus en plus tardivement : 27 ans pour les femmes, 29 ans pour les hommes. On se marie aussi pour régulariser la situation des enfants nés hors mariage. On se marie enfin pour profiter d'avantages fiscaux et juridiques. Et lorsqu'on se marie, c'est selon les traditions : avec robe blanche, cérémonie, repas familial. On reçoit alors de nombreux cadeaux traditionnels (vaisselle, équipements) que l'on a choisis sur une liste préétablie, ou des cadeaux culturels. Certains préfèrent encore se faire offrir un voyage par l'ensemble des invités et amis.

• **L'union libre** est l'autre grand mode de vie en couple. Elle s'est développée dans les années 1970 et concerne aujourd'hui 15 % des couples. C'est une manière de mieux respecter la liberté individuelle dans le couple ; c'est un phénomène qui se rencontre surtout dans les villes.

• **Le PACS** (pacte civil de solidarité) qui a été voté en 1999 est la forme la plus récente de vie en couple. Pas un mariage, plus qu'une union libre, c'est un **contrat** que deux personnes passent entre elles, qu'elles soient du même sexe ou de sexe opposé. Pour sa première année d'existence, environ 150 000 PACS ont été signés et un nouveau mot est né : les « pacsés ».

• Reste le **célibat** qui est un choix de vie à part entière. Il concerne un adulte sur trois ; et ce sont les femmes diplômées qui se marient le moins.

1 Voici quatre situations sociales : être célibataire ; l'union libre ; la famille traditionnelle ; la famille recomposée. Reliez chaque mot ou expression suivants à l'une de ces situations : mariage ; cohabitation ; divorce ; gens remariés ; vivre ensemble ; fiançailles ; enfants nés hors mariage ; parents célibataires ; femme seule ; séparation ; famille monoparentale (avec un seul parent, le plus souvent la mère) ; à l'intérieur du couple, c'est de plus en plus deux vies.

• être célibataire : _____

• union libre : _____

• famille traditionnelle : _____

• famille recomposée : _____

2 Qu'est-ce que les faire-part suivants annoncent ?

Madame Marcel Maréchal,
Monsieur et Madame Pierre Maréchal
sont heureux de vous faire part du mariage
de leur petit-fils et fils,
François-Xavier
avec Mademoiselle Nathalie Lepetit.
Ils vous prient d'assister
ou de vous unir d'intention
à la cérémonie civile
qui aura lieu le samedi 21 juillet à 16 h
à la mairie de La Rochelle.

GILLES
LECLERC
ET
JEAN-PIERRE
JULIEN
SONT HEUREUX
D'ANNONCER
QU'ILS
SE SONT LIÉS
PAR
UN PACTE CIVIL
DE SOLIDARITÉ

Alexandre
et Juliette
Chaumont
ont la joie
d'annoncer
la naissance
de Nathalie

_____   _____   _____

3 On estime que l'environnement familial de chaque Français, des grands-parents aux petits-enfants en passant par les oncles et les tantes, les neveux et les nièces, compte en moyenne vingt-quatre personnes. Comparez ce chiffre avec celui de votre pays. À quelles occasions se manifeste l'existence de ce réseau familial ?

_____

_____

4 La France est un des pays d'Europe où l'on se marie le moins. Le nombre de couples mariés baisse tandis que le nombre de couples vivant en union libre augmente. Sur dix couples mariés, neuf vivaient déjà ensemble auparavant. Quatre enfants sur dix naissent hors mariage.
Plus de la moitié des femmes qui mettent au monde leur premier enfant ne sont pas mariées.
À partir de ces informations et de celles données sur la page ci-contre, comment caractériseriez-vous l'évolution de la famille française ?

_____

_____

PORTRAITS DE FAMILLE

Les lois sur la contraception (1967), sur le divorce par consentement mutuel (1975), l'IVG (interruption volontaire de grossesse, 1975) ont transformé l'image et la vie du couple, et bouleversé les repères familiaux.

La vie de couple est aujourd'hui marquée par la **redéfinition des rôles de l'homme et de la femme**. C'est le résultat de l'**autonomie sexuelle et professionnelle** conquise par les femmes. Aujourd'hui, plus de 75 % des femmes ont une activité professionnelle ; et dans 60 % des couples l'homme et la femme travaillent tous les deux.

Ainsi disparaît l'image de la femme au foyer : les tâches sont de plus en plus partagées entre hommes et femmes. Faire les courses, la vaisselle, emmener les enfants à l'école ou faire du sport sont autant de tâches que les femmes partagent pour moitié avec les hommes ; ceux-ci ont plus de difficultés à habiller les enfants ou à faire la cuisine ou le ménage. Ainsi, quand la femme passe quatre heures et demie par jour à s'occuper du foyer, l'homme ne lui consacre que deux heures et demie.

L'autre image du couple, c'est sa fragilité. On compte aujourd'hui presque un divorce pour deux mariages, et c'est à Paris qu'on divorce le plus ! 60 % des couples qui divorcent ont des enfants. Commence alors pour les enfants la vie des week-ends et des vacances partagés entre des pères et des mères qui auront refait leur vie conjugale.

Petit déjeuner familial.

1 Tâches domestiques et familiales. Faites la liste des tâches à partager. Quelles conclusions peut-on tirer des chiffres suivants concernant les Français ?
• *Qui fait la cuisine à la maison ?*
En semaine : 76 % maman ; 14 % papa ; 10 % autre.
En week-end : 65 % maman ; 11 % papa ; 24 % autre.
• *Qui remplit le plus souvent le lave-vaisselle ?*
51 % une femme ; 15 % un homme ; 3 % les enfants ; 29 % tout le monde.
Comparez avec la manière dont l'homme et la femme se partagent les tâches dans votre pays.

2 Regardez la photo de la page 106 : à quel moment se passe la scène ? Décrivez-la.
Quelles informations vous apporte-t-elle sur le couple représenté ici ?
Comparez-les avec les données contenues dans la page ci-contre.

3 Voici quelques rites de passage vers l'âge adulte :
• Il est obligatoire de rester à l'école jusqu'à 16 ans.
• 49 % des étudiants passent le baccalauréat à 17 et 18 ans, 27 % à 19 ans.
• À 18 ans, les jeunes Français peuvent passer leur permis de conduire.
• À 18 ans, les jeunes Français deviennent majeurs (sont légalement responsables et ont le droit de voter).
• Le service militaire obligatoire pendant douze mois pour les jeunes hommes à partir de 18 ans a été supprimé en 2001 ; il a été remplacé par la Journée d'appel de préparation à la défense (JAPD) pour les garçons et les filles.
• 80 % des moins de 18 ans vivent avec leurs deux parents. 55 % des 20 à 24 ans vivent chez leurs parents.
À partir de ces données, essayez de caractériser le regard que la société française porte sur les jeunes en termes d'émancipation, d'intégration à la société adulte, de responsabilisation civique et d'égalité. Comparez ces rites de passage avec ceux des jeunes dans votre pays.

4 En moyenne, les Français divorcent après 14 ans de mariage. Un couple sur cinq n'atteint pas les cinq ans de mariage. 55 % des couples qui divorcent le font par consentement mutuel et 42 % pour faute. Dans 73 % des cas, c'est la femme qui demande le divorce. Seuls 13 % des pères obtiennent la garde de leur enfant. D'après ces informations et celles données dans la page ci-contre, quelles conclusions peut-on tirer concernant le divorce en France ?

5 « Maman cuisine, papa travaille ! » Ce stéréotype est-il toujours valable ? Qu'est-ce qui a incité les femmes modernes à sortir du domaine de la vie privée (rôle de mère et d'épouse) pour participer activement à la vie publique (travail professionnel, politique, société, idées, sciences, arts, sports) ?

L'ÉTAT ET LA FAMILLE

Une crèche qui accueille les enfants toute la journée : en 2001, la France a été championne d'Europe des bébés.

La famille a longtemps été la bien-aimée de la politique française. Face à une France qui vieillissait et se dépeuplait, l'État a mis en place une politique volontariste, d'où une nette augmentation des naissances : c'est ce qu'on a appelé, après la Seconde Guerre mondiale, le « **baby boom** ».

Cette politique a d'abord un aspect financier : les **allocations familiales** sont une aide directe de l'État à partir du deuxième enfant. L'État accorde également des **réductions d'impôts** importantes pour les couples avec enfants. Par ailleurs, ces familles bénéficient de réductions dans les transports en commun ou pour des activités culturelles. Elles ont accès aux **bourses d'études** pour les enfants si leurs salaires sont insuffisants.

Sur le plan social, l'État a souhaité que les maternités ne soient pas un handicap professionnel pour les femmes : elles ne perdent ni leur salaire ni leur emploi pendant leur **congé maternité** de seize semaines. À partir du deuxième enfant, elles peuvent bénéficier d'un **congé parental** d'un an, rémunéré, pour élever leurs enfants. Élever un enfant étant un métier, les femmes qui ont élevé trois enfants et qui n'ont pas pu avoir une activité professionnelle autre ont droit à une **retraite**. Dans le cadre de l'égalité hommes-femmes, les hommes peuvent aussi bénéficier d'un congé parental et ont droit désormais à un **congé de paternité** de deux semaines.

Les communes qui veulent faciliter la vie des couples avec enfants ont mis en place des **crèches** qui accueillent les enfants toute la journée et des **halte-garderies** pour celles ou ceux qui font leurs courses. L'accueil à **l'école maternelle** à partir de deux ans est aussi une manière de permettre de concilier vie professionnelle et vie familiale.

Enfin, la vie familiale a ses symboles : la fête des Mères et la fête des Pères, et bien sûr la fête de Noël qui est la fête de tous les enfants.

1 Pourquoi l'objectif du gouvernement français est-il d'encourager les Français à avoir un plus grand nombre d'enfants ?

2 Quelles sont les différentes formes d'aides financières proposées aux parents par cette politique ?

3 Pourquoi le congé maternel et le congé paternel sont-ils des avantages ?

4 Les femmes qui travaillent et qui ont des enfants se partagent entre la vie professionnelle et la vie familiale. Voici une liste de mesures pour les aider. Comment classeriez-vous ces mesures par ordre d'importance ?
1. Adapter le système de travail à temps partiel aux contraintes de la vie familiale.
2. Créer un quota annuel de jours de congés en cas de maladie de l'enfant.
3. Rendre les écoles maternelles plus accueillantes.
4. Augmenter le nombre de places en crèches et assouplir les horaires.
5. Prolonger le congé maternité.
Voici comment les Françaises ont classé ces mesures lors d'un sondage : 1,4,2,5,3.
Commentez les différences entre ce classement et le vôtre.

5 « C'est quoi, une famille ? » Dites si vous êtes d'accord ou pas d'accord avec les affirmations suivantes :
1. Le père et la mère mariés pour la vie avec plusieurs enfants reste le modèle dominant de la famille en France.
2. La famille contemporaine se constitue hors du mariage.
3. La famille est un groupe de personnes ayant plaisir à vivre ensemble.
4. Le bonheur du couple est plus important que celui de la famille.
Enfin, dites ce que la famille représente pour vous.

18

À L'ÉCOLE

L'ÉCOLE POUR TOUS

L'école est une des rares causes capable de faire descendre plus d'un million de personnes dans la rue pour manifester ; et cela qu'il fasse beau (juin 1984 pour la défense de l'école privée) ou qu'il fasse froid (janvier 1994, pour la défense de l'école laïque).

Les Français sont en effet très attachés aux principes qui ont fondé l'organisation de l'école. La Révolution de 1789, Napoléon, la IIIe République ont posé et mis en œuvre ces principes.

À la Révolution, on doit le principe d'une **instruction commune à tous les citoyens** qui inclut l'enseignement des sciences et l'éducation citoyenne, la division du système éducatif en trois niveaux (primaire, secondaire et supérieur).

C'est Napoléon qui a décidé que l'État aurait le monopole de l'enseignement et qui a donné sa structure militaire, hiérarchisée et centralisée au système éducatif français.

La IIIe République avec les lois Jules Ferry (1881-1882) a rendu l'école primaire **laïque, gratuite et obligatoire**.

Aujourd'hui, l'école est obligatoire jusqu'à 16 ans ; elle est gratuite de la maternelle à l'université (les droits universitaires étant très peu élevés) ; c'est un service public qui comprend des écoles publiques et des écoles privées sous contrat avec l'État ; elle est laïque, c'est-à-dire qu'elle garantit le respect des opinions et des croyances et en interdit toute manifestation à l'intérieur de l'école, lieu neutre par définition.

Pour les Français, l'école doit permettre d'abord de trouver un travail ; mais son rôle est aussi de donner une culture générale, de

Une écolière à la porte d'entrée de son école. L'école est obligatoire jusqu'à 16 ans.

favoriser la réduction des inégalités dans la société, de former la réflexion et l'esprit critique.

Le système éducatif français est un système extrêmement centralisé. Les programmes, les diplômes sont nationaux. L'Éducation nationale représente le cinquième du budget de l'État ; ses fonctionnaires (900 000) forment le corps le plus important ; et les élèves constituent à peu près le quart de la population.

A C T I V I T É S

1 Quelles sont les caractéristiques de la centralisation du système éducatif français ? Et dans votre pays, le système éducatif est-il centralisé ? Faites la comparaison entre les deux systèmes.

_____

_____

_____

_____

_____

2 Quels sont pour les Français les objectifs de l'école ? Comment interprétez-vous cette hiérarchie ? Que doit-elle à l'histoire et que doit-elle au présent ?

_____

_____

_____

_____

_____

3 Environ 20 % des élèves vont dans une école privée. La plupart des écoles privées sont d'origine religieuse tandis que l'école publique est laïque. Elles sont surtout fréquentées par les enfants de chefs d'entreprise, d'agriculteurs, de cadres et de commerçants. Une majorité d'écoles privées se trouvent en Bretagne.
Qu'est-ce que les manifestations en faveur du public ou du privé révèlent de la perception qu'ont les Français de leur système éducatif ?
Dans votre pays, quels sont les rapports entre l'école publique et l'école privée ?

_____

_____

_____

_____

4 Vos souvenirs de la rentrée des classes. Racontez une rentrée particulièrement heureuse ou triste.

_____

_____

_____

_____

_____

L'ORGANISATION DES ÉTUDES

Le système éducatif se compose de trois degrés qui scolarisent environ 14 millions d'élèves ; 6,4 millions au premier degré, 5,5 millions au second degré et 2,2 millions d'étudiants dans le supérieur.

• **Le premier degré** se compose de l'école maternelle qui n'est pas obligatoire (de 2 à 5 ans) et de l'école primaire obligatoire à partir de six ans, dont le rôle est d'apprendre à lire, écrire et compter à tous les enfants.

• **Le second degré** distingue l'enseignement général et l'enseignement professionnel, le premier cycle (de la sixième à la troisième) et le second cycle (de la seconde à la terminale) :

– le **premier cycle** conduit au brevet des collèges pour l'enseignement général, au CAP (certificat d'aptitude professionnelle) ou au BEP (brevet d'études professionnelles) pour l'enseignement professionnel court ;

– le **second cycle** mène au baccalauréat général, au baccalauréat professionnel ou au brevet de technicien. 65 % des élèves arrivent au niveau du bac et 75 % environ le réussissent.

« Passe ton bac d'abord ! », ce titre de film reste dans son ensemble le mot d'ordre de la société française : en juin de chaque année, c'est toute la société française qui passe le bac.

• **L'enseignement supérieur** comprend les universités et les grandes écoles :

– l'accès à l'**université** est automatique avec le baccalauréat ; pour accéder aux grandes écoles, il faut passer un concours d'entrée très difficile ;

– les **grandes écoles** sont les plus recherchées parce qu'elles forment les cadres supérieurs de l'État et de l'économie. Tous les grands secteurs d'activités ont leur école : l'administration de l'État, l'ENA (École nationale d'administration) ; les finances, HEC (École des hautes études commerciales) ; l'élite scientifique, l'École polytechnique ; l'éducation, les Écoles normales supérieures ; les travaux publics, l'École nationale des ponts et chaussées ; l'industrie, l'École des mines ; l'agriculture, l'Institut national d'agronomie...

Le coût total de la scolarité est estimé à 76 000 € par enfant : l'État finance 65 %, les communes ou régions 20 %, les parents 7 %, les entreprises 6 %.

Des candidats au baccalauréat apprennent leurs résultats.

ACTIVITÉS

1 Expliquez les termes et les sigles suivants.

• Le collège : _____

_____

• Le lycée : _____

_____

• Le bac : _____

_____

• Le DEUG : _____

_____

• La licence : _____

_____

• L'IUT : _____

_____

• Les grandes écoles : _____

_____

LE SYSTÈME ÉDUCATIF

Institut Universitaire de Technologie
DUT – 2 ans

Université
Doctorat
DESS / DEA
Maîtrise – 1 an
Licence – 1 an
DEUG – 2 ans

Grandes écoles
École nationale d'administration (ENA)
École polytechnique (l'X)
Hautes études commerciales (HEC)
École normale supérieure (ENS), etc.

CONCOURS

Classes préparatoires – 2 ans

Enseignement supérieur

• DEUG : Diplôme d'études universitaires générales

• DESS : Diplôme d'études supérieures spécialisées

• DEA : Diplôme d'études approfondies

• DUT : Diplôme universitaire de technologie

LE BEP/CAP   LE BAC

Lycée professionnel
Terminale
Seconde professionnelle
16 ans – 18 ans

Lycée général
Terminale
Première
Seconde
16 ans – 19 ans

Second degré

LE BREVET

Collège
3e
4e
5e
6e
11 ans – 15 ans

Premier degré

École primaire
Cours moyen (CM) 1 et 2
Cours élémentaire (CE) 1 et 2
Cours préparatoire (CP)
6 ans – 10 ans

École maternelle
2 ans – 5 ans

2 Les études françaises s'organisent autour de trois niveaux. Quels sont ces niveaux ? Quelles sont les distinctions à l'intérieur de chaque niveau ?

_____

_____

3 Les diplômes sont d'une grande importance dans le système éducatif français. Quels sont les principaux diplômes qui sont offerts aux élèves et étudiants français ?

_____

_____

4 Le baccalauréat est un véritable événement national. Essayez d'en trouver les raisons. Quelle importance accorde-t-on, dans votre pays, à l'examen de fin d'études secondaires ?

_____

_____

5 Comparez les coûts de la scolarité dans votre pays et les coûts de la scolarité en France. Quelles conclusions en tirez-vous pour le système éducatif français ?

_____

_____

_____

UN DÉBAT PERMANENT

Manifestation pour l'école publique.

Depuis Mai 1968, les Français n'en finissent pas de dire du mal de leur système éducatif. Ils lui demandent de s'adapter en permanence aux souhaits des jeunes, des parents, aux besoins des entreprises. En effet, pendant les années de crise économique (1973-1999), les Français ont pensé que l'école, la formation, l'allongement de la durée des études, les diplômes étaient la meilleure réponse au chômage.

Il revient d'abord à l'école de **réduire les inégalités sociales** : inégalités entre les filles et les garçons, ce qui est fait puisque les filles réussissent mieux aujourd'hui que les garçons (elles sont 37 % à avoir le bac contre 31 % pour les garçons) ; inégalités liées aux origines sociales : l'école reproduit les inégalités culturelles plutôt qu'elle ne les corrige ; le mérite personnel d'un enfant reste encore insuffisant pour dépasser ses handicaps.

Parmi les questions qui reviennent, celles des **rythmes scolaires** : on dénonce les vacances trop longues, les journées de classe trop occupées, l'insuffisance des activités sportives ou artistiques...

Moderniser ou conserver, les Français se divisent, réclament les classiques et Internet, la discipline et l'autonomie, l'accès pour tous à l'université après le baccalauréat et la sélection, bref, tout et son contraire. Tous ont une idée précise sur ce qu'il faut faire. Tout intellectuel se doit d'écrire un essai sur l'éducation et sa réforme, et chaque ministre publie pendant qu'il est en fonction – ou après – un essai sur ce qu'il faudrait faire ou sur ce qu'il aurait fallu faire... Ah ! qu'il est difficile d'être ministre de l'Éducation nationale !...

Manifestation de lycéennes et de lycéens.

A C T I V I T É S

1 Qu'est-ce que les Français attendent de leur système éducatif ?

_____

_____

_____

2 Quels sont en France les thèmes dominants du débat sur l'école ? Qui participe au débat ?
Est-ce qu'il y a un débat similaire sur l'école dans votre pays ? Si oui, quels en sont les thèmes ?

_____

_____

_____

_____

3 L'égalité des chances est un principe fondamental du sytème éducatif français.
Pensez-vous que ce principe soit complètement respecté ? Justifiez votre réponse.

_____

_____

_____

_____

4 Comment caractériseriez-vous l'organisation du temps scolaire en France ?
Comparez-le avec celui de votre pays.

_____

_____

_____

_____

5 Moderniser l'école ou conserver les traditions : selon vous, que faut-il faire ?
Expliquez votre position.

_____

_____

_____

_____

_____

AU TRAVAIL

LA VIE PROFESSIONNELLE

25 millions d'actifs (un peu plus d'un Français sur trois) travaillent. Les autres, ce sont les enfants, les étudiants, les adultes qui ne travaillent pas, les chômeurs et les retraités.

Aujourd'hui, on entre de plus en plus tard (entre 25 et 29 ans) dans la vie active et on en sort plus tôt (entre 55 et 59 ans).

Ceux qui travaillent sont agriculteurs (3 %), artisans, commerçants ou chefs d'entreprise (7 %), cadres d'entreprise ou professions libérales (12 %), contremaîtres, agents de maîtrise, enseignants (20 %), employés, policiers, militaires (30 %), ouvriers (27 %).

On constate aujourd'hui une nette **baisse du nombre d'ouvriers**, de commerçants et d'artisans. Les **employés** sont désormais le groupe dominant : en effet, deux emplois sur trois concernent les **services**.

Deux phénomènes dominent les changements dans la vie professionnelle : **l'augmentation du nombre de femmes**, qui occupent la moitié des emplois du secteur des services mais qui n'arrivent pas à rivaliser avec les hommes dans les emplois de cadres ou de chefs d'entreprise ; **l'augmentation du nombre de fonctionnaires**, qui sont plus de 5 millions aujourd'hui. Les enseignants sont ceux qui ont l'image la plus positive avec les employés des postes, des hôpitaux et la police.

Mais le phénomène majeur aura été le **chômage**. Véritable révolution culturelle, il a changé le rapport des Français au travail, il est à l'origine des emplois précaires, de la diminution (35 heures par semaine) de la durée du travail, d'une baisse de confiance dans les diplômes comme moyen d'accès à l'emploi, du doute sur le modèle français de promotion et d'intégration sociales.

■ Ils travaillent à l'étranger

Les Français sont 1,7 million à travailler à l'étranger. C'est en Angleterre qu'ils sont les plus nombreux, mais on les retrouve aussi en Allemagne, aux États-Unis, au Canada ou en Italie.

■ Ils sont travailleurs étrangers en France

La France compte environ 1,6 million de travailleurs étrangers. Ils viennent du Portugal (325 000), d'Algérie (250 000), du Maroc (200 000), d'Afrique noire (120 000) mais aussi d'Espagne, de Tunisie, de Turquie, d'Italie, de l'ex-Yougoslavie ou de Pologne. Ils sont installés en région parisienne, dans la vallée du Rhône ou dans la région Provence-Côte d'Azur.

Le chômage a rendu difficile la recherche d'un emploi : l'emploi intérimaire a beaucoup progressé.

ACTIVITÉS

1 Observez le graphique ci-contre qui indique l'évolution des catégories socioprofessionnelles entre 1982 et 1999. Répondez aux questions qui suivent.

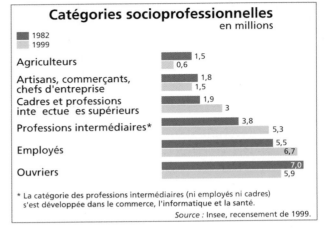

Catégories socioprofessionnelles
en millions

■ 1982
▨ 1999

Agriculteurs — 1,5 / 0,6

Artisans, commerçants, chefs d'entreprise — 1,8 / 1,5

Cadres et professions intelectuelles supérieurs — 1,9 / 3

Professions intermédiaires* — 3,8 / 5,3

Employés — 5,5 / 6,7

Ouvriers — 7,0 / 5,9

* La catégorie des professions intermédiaires (ni employés ni cadres) s'est développée dans le commerce, l'informatique et la santé.

Source : Insee, recensement de 1999.

1. Quelle catégorie est la plus importante en 1999 ? _____

2. Quelle catégorie est la plus petite en 1999 ? _____

3. Quelles catégories sont en baisse ? _____

4. Quelles catégories sont en augmentation ? _____

2 Qu'est-ce qui indique que le secteur des services emploie plus d'actifs que le secteur industriel en 1999 ?

_____

_____

3 Pourquoi les jeunes de moins de vingt-cinq ans et les chômeurs de longue durée sont-ils particulièrement touchés par le ralentissement de l'activité économique ?

_____

_____

4 Quelles sont les nouvelles inégalités créées par le chômage ?

_____

_____

5 En quoi le chômage a-t-il provoqué en France une profonde transformation des attitudes envers le travail ?

_____

_____

L'ORGANISATION DU TRAVAIL

L'amélioration des conditions de travail des Français doit beaucoup à l'**action syndicale**. Pourtant, la France est le pays où le taux de syndicalisation (7 %) est le plus faible de l'Union européenne. Les grandes centrales syndicales, CGT (Confédération générale du travail), CFDT (Confédération française démocratique du travail), FO (Force ouvrière), CGC (Confédération générale des cadres) et les syndicats d'enseignants regroupent environ 2 millions d'adhérents.

L'action syndicale a permis une baisse importante de la **durée du travail** qui est passée de 39 heures par semaine en 1982 à 35 heures depuis 1998. En durée moyenne annuelle, les Français travaillent environ 1 650 heures par an.

De la même manière, les deux semaines de **congés** obtenues en 1936 sont devenues cinq semaines en 1982. À cela s'ajoutent les dix jours fériés répartis dans l'année (jour de l'An, Pâques, 1er mai, 8 mai, Ascension, Pentecôte, 14 juillet, 15 août, 11 novembre, Noël).

La **retraite** a été fixée pour tous les salariés à 60 ans ; mais il faut avoir cotisé pendant 37 ans et demi pour les fonctionnaires et 40 ans pour les salariés du secteur privé. Beaucoup s'interrogent aujourd'hui sur l'avenir de ce système de retraite très avantageux et sur les possibilités de le financer.

L'organisation du travail est source de nombreux **conflits** entre le **patronat** (MEDEF, Mouvement des entreprises de France) et les **syndicats**. Pas de **négocia-**

tions sans conflits sociaux : la France a la réputation d'être le pays des **grèves** (infirmières, cheminots, étudiants, routiers et de manifestations paysannes surtout).

*La CGT et la CFDT
sont les deux principaux syndicats.*

■ « C'est l'heure d'aller bosser »

Ce sont les ouvriers, les personnels de service et les employés qui sont les plus matinaux. Un tiers d'entre eux est déjà en activité avant 7 h 30 le matin et tous sont là à 8 h 30. Les cadres arrivent plus tard, vers 9 h mais repartent plus tard aussi, après 19 h. Les autres catégories de salariés étalent leur départ entre 16 h 30 et 18 h pour la majorité, et entre 18 h et 19 h pour 20 % d'entre eux.

1 Quelles ont été les grandes conquêtes sociales des syndicats en France ?

_____

_____

_____

2 À votre avis, quels devraient être les objectifs prioritaires des syndicats ? Classez les objectifs suivants : la défense de l'emploi ; l'égalité hommes-femmes dans le travail ; la lutte contre le travail précaire ; la réduction du temps de travail ; la participation des salariés aux décisions ; le maintien du pouvoir d'achat. Justifiez votre classement.

1. _____

2. _____

3. _____

4. _____

5. _____

6. _____

3 Quels sont les effets de l'aménagement et de la réduction du temps de travail (ARTT) sur la vie quotidienne ? Comparez et commentez les réponses données dans le sondage suivant par des Français (H) et des Françaises (F) travaillant dans une entreprise privée.

Profiter davantage de sa famille et de ses enfants.	H 71 %	F 66 %
Prendre plus de temps pour les tâches quotidiennes.	H 29 %	F 66 %
Bricoler, jardiner.	H 53 %	F 25 %
Pratiquer un sport ou une activité culturelle ou artistique.	H 48 %	F 29 %
Se reposer davantage.	H 24 %	F 48 %
Voir davantage son entourage, ses amis.	H 31 %	F 34 %
Sortir davantage.	H 29 %	F 20 %
Aider bénévolement d'autres personnes.	H 14 %	F 8 %

_____

_____

_____

_____

4 Et vous, êtes-vous pour ou contre la réduction du temps de travail ? Pourquoi ? Si vous aviez plus de temps libre, que feriez-vous ?

5 Que pensez-vous de l'affirmation suivante : « Les manifestations animent et enrichissent la vie démocratique en donnant la parole aux citoyens. » Justifiez votre opinion.

LES NOUVELLES FORMES DE TRAVAIL

« Entrez dans la vie.com », proclame une publicité ; une manière de dire que la France est entrée dans la nouvelle **révolution technologique**, qui touche toutes les activités (la conception comme la production, le management comme la communication) et tous les métiers (les métiers les moins qualifiés aussi bien que les métiers de création tels que graphiste, illustrateur ou styliste).

Les **technologies de l'information et de la communication** conduisent à la transformation de certaines activités traditionnelles (la vente par correspondance devient le téléachat) et à la création de nouveaux modes de distribution pour les produits culturels (CD, DVD, cédéroms, jeux interactifs).

Mais ce qui est en train de se transformer, c'est l'activité elle-même. Après le travail intellectuel ou artistique à domicile, le travail à employeurs multiples, le télétravail tendent à se développer. Ils touchent certains secteurs comme l'informatique, les assurances ou la banque et certaines fonctions comme la saisie de données, la gestion, la vente ou la traduction. France Telecom, Axa-Assurances, Vivendi Universal expérimentent ou développent ces nouvelles formes de travail.

■ Profession : webmestre

De nombreux métiers sont apparus avec le développement des « start up » ou « jeunes pousses ».

Derrière les pages qui s'affichent sur l'écran, derrière la mise en ligne des informations, derrière l'animation des sites, il y a souvent un seul et même homme : le webmestre. Il est un peu l'homme à tout faire : maquettiste, programmeur, technicien, animateur…

« Jeune pousse » à peine éclose dans un atelier du quartier du Sentier à Paris ou fournisseur d'accès pour des millions d'abonnés, le webmestre est partout l'homme-orchestre indispensable. C'est lui aussi qui a donné son look à la nouvelle économie : moins de 30 ans, décontracté, habile, créatif, autodidacte sorti d'une école de design, de l'édition ou d'une formation littéraire, tendance écolo-branché.

Une nouvelle génération est née qui a grandi avec le chômage : elle a une autre culture et ses maîtres mots sont **flexibilité** et **adaptabilité**, émulation et dépassement de soi. Elle bouleverse hiérarchies, rôles, carrières et ambitions ; elle exige hiérarchies plates, processus de décision rapide et participation. Elle a un mot d'ordre : **réussir vite**, et un atout : la **maîtrise des technologies** de l'information et de la communication.

Le temps des « start-up » : la maîtrise des technologies est aujourd'hui essentielle.

1 Voici, dans l'ordre, la liste des métiers que les jeunes Français de 16 à 25 ans aimeraient exercer et qui, selon eux, offrent le plus de perspectives pour l'emploi : commercial ; informaticien ; ingénieur ; médecin ; administration/fonctionnaire ; cuisinier ; professeur ; serveur ; technicien ; ouvrier ; infirmière.
Entre « vieille économie » et « nouvelle économie », où situeriez-vous ces métiers ?

_____

_____

_____

_____

2 Voici, dans l'ordre, la liste des métiers idéaux que les jeunes Français aimeraient exercer s'il n'y avait pas de problèmes de sélection et de diplômes : ingénieur ; professeur ; technicien ; paramédical ; commercial ; infirmière ; éducateur spécialisé ou assistante sociale ; comptable ou expert comptable ; médecin ; cuisinier.
En comparant les deux listes, comment caractériseriez-vous le rapport au travail des jeunes Français ?

_____

_____

_____

3 Dans le choix d'un métier, qu'est-ce qui est selon vous le plus important : la sécurité de l'emploi ; l'utilité du métier pour la société ; la rémunération/le salaire ; le temps libre que laisse le métier ? Dites pourquoi.

_____

_____

_____

4 À l'image du webmestre présenté ci-contre, quel est le métier qui représente le mieux pour vous la nouvelle économie ? Justifiez votre choix.

_____

_____

_____

5 « Travaillons tous, moins et autrement ! » Quelles sont les idées principales à l'origine de ce slogan ? Êtes-vous pour ou contre ? Dites pourquoi.

_____

_____

_____

20 LES GRANDS COURANTS ARTISTIQUES

LA RENAISSANCE

La Renaissance, au XVᵉ siècle, a été une période de changements en architecture, dans la vie intellectuelle, en littérature et dans le domaine religieux.

Les guerres d'Italie faites par le roi François Iᵉʳ, la découverte d'une civilisation raffinée vont amener en France des artistes comme Léonard de Vinci et les rois français vont imiter le modèle italien. Sur les bords de la Loire se construisent ou s'embellissent les châteaux de Blois, d'Azay-le-Rideau, du Lude, d'Amboise, de Chenonceaux et enfin de Chambord.

Au style décoratif italien va s'ajouter une volonté de **purisme** née du modèle antique : la Cour Carrée du Louvre à Paris en reste le plus bel exemple.

Les transformations des connaissances et du monde nécessitent de nouvelles formations et la création de **nouvelles écoles** : le Collège de France (1530), les Académies comme l'Académie de poésie et de musique (1530). Ces écoles sont confiées aux humanistes.

Érasme, Guillaume Budé ont participé à la construction de la **doctrine humaniste** : retour à l'Antiquité et à ses grands textes, réflexion sur ces textes, croyance en une **culture universelle**, volonté de placer l'homme au centre de toute chose.

En littérature, Marot, Rabelais, la Pléiade (Ronsard, Du Bellay), Montaigne illustrent par leurs œuvres cette volonté de fonder le bonheur sur **une vie en accord avec la nature**. Le français devient alors la langue de la création littéraire : *Défense et illustration de la langue française* (Du Bellay, 1549) est son manifeste.

Le château de Chenonceaux (XVIᵉ siècle) dans la vallée de la Loire.

L'humanisme s'appuie sur une lecture évangélique du christianisme et sur la sagesse des Anciens ; il est à l'origine de la **Réforme** qui veut imposer une réforme de la croyance et de nouvelles pratiques religieuses. C'est ce qui va entraîner la profonde **crise idéologique et religieuse** qui va diviser le monde chrétien.

1 Comment l'Italie a-t-elle contribué à la Renaissance en France ?

_____

_____

_____

2 Où se trouvent les principaux châteaux construits en France à l'époque de la Renaissance ?

_____

_____

3 Qu'est-ce qui caractérise :

• la doctrine humaniste : _____

_____

• la littérature de la Renaissance : _____

_____

4 Pourquoi la Réforme a-t-elle divisé le monde chrétien qui avait été dominé jusque-là par l'Église catholique ?

_____

_____

_____

5 Voici quelques citations d'écrivains de la Renaissance :

Rabelais (1494-1553) : « L'appétit vient en mangeant […] la soif s'en va en buvant. »
(*Gargantua*, Livre 1,5)

Du Bellay (1522-1560) : « France, mère des arts, des armes et des lois. »   (*Les Regrets*)

Ronsard (1524-1585) : « Cueillez, cueillez votre jeunesse :
Comme cette fleur, la vieillesse
Fera ternir votre beauté. »   (*Odes*, « À Cassandre », I, 17)

Montaigne (1533-1592) : « Quand je pourrais me faire craindre, j'aimerais encore mieux
me faire aimer. »   (*Essais*)

Choisissez l'une de ces citations et expliquez l'idée ou le sentiment exprimé.

_____

_____

_____

_____

LE CLASSICISME

Le classicisme se confond avec ce que le philosophe Voltaire a appelé **le siècle de Louis XIV** (1660-1715). Il est la traduction idéologique, esthétique et culturelle de la volonté d'un homme, Louis XIV ; le classicisme, tout au service de sa gloire, est l'expression même de sa puissance.

Le classicisme marque la naissance d'une véritable **culture d'État** : les **Académies** (Académie française, 1635 ; Académie royale de peinture et de musique, 1648 ; Académie des sciences, 1666) ont pour mission de **gérer** et d'**encadrer les arts**. Elles imposent des **normes** linguistiques, littéraires (les genres), picturales et musicales (par les commandes royales aux artistes).

Boileau et son *Art poétique* (1674), Malherbe et ses exigences de pureté et de clarté pour la langue et la grammaire, Vaugelas et ses remarques sur la norme comme fondement de l'usage ont contribué à l'élaboration du **style classique**.

Mais le classicisme ne serait rien sans la génération d'écrivains qui va l'illustrer et lui donner une **valeur universelle**. Descartes (1596-1650) et Pascal (1623-1662) pour la pensée, Corneille (1606-1684), Molière (1622-1673), Racine (1639-1699) pour le théâtre, Madame de La Fayette (1634-1693) pour le roman, La Fontaine (1621-1695) pour la poésie sont, avec les mémorialistes Saint-Simon et Retz, les moralistes La Rochefoucauld, Fénelon, Bossuet et Madame de Sévigné, les géants de ce siècle classique.

Le classicisme aura également sa traduction sociale avec la **préciosité**, à la fois style de vie (une vie de salons), tournure d'esprit (un souci de distinction) et comportement social (un raffinement de la politesse et de l'élégance).

L'architecture est l'autre expression la plus visible d'un art officiel, illustré par le château de **Versailles** mais aussi à Paris, par les portes Saint-Denis et Saint-Martin, la colonnade du Louvre, l'hôtel des Invalides et les places Vendôme et des Victoires.

La **querelle des Anciens et des Modernes** (1680) met fin à la domination du classicisme et de la culture d'État ; elle annonce déjà le **siècle des Lumières**.

Établissement de l'Académie des sciences par Louis XIV *(Testelin)*.

1 À quel roi de France est associé le classicisme ?

_____

2 Quel rôle a joué l'État pendant l'époque classique ?

_____

3 Quelle orientation les grands écrivains ont-ils donnée au classicisme ?

_____

_____

4 Qu'est-ce que la préciosité ?

_____

_____

5 Pourquoi le château de Versailles (construit par Louis XIV de 1660 à 1682) et ses jardins dits « à la française » (dessinés par Le Nôtre) sont-ils l'expression spectaculaire de l'art classique ?

_____

_____

6 Voici quelques citations d'écrivains de l'époque classique :

Descartes (1596-1650) : « Je pense, donc je suis. »   (_Discours de la méthode_)

Pascal (1623-1662) : « Le cœur a ses raisons que la raison ne connaît pas : on le sait en mille choses. »   (_Pensées_)

Molière (1622-1673) : « Presque tous les hommes meurent de leurs remèdes et non pas de leurs maladies. »   (_Le Malade imaginaire_)

Racine (1639-1699) : « Ah ! ne puis-je savoir si j'aime ou si je hais. »   (_Andromaque_)

La Fontaine (1621-1695) : « Je me sers d'animaux pour instruire les hommes. »   (_Fables_)

Choisissez l'une des citations et expliquez l'idée exprimée.

_____

_____

_____

_____

_____

La Révolution de 1830 : La Liberté guidant le peuple *(Eugène Delacroix, 1831).*

LE ROMANTISME

Le romantisme français est né d'une **culture** curieuse de ce qui se passe en Allemagne ou en Angleterre ; il est né aussi de l'immense dépression qui a suivi la fin de de l'empire de Napoléon (1815) et des années de la Révolution française.

Le romantisme est donc marqué par un **désir de rupture et d'évasion** : rupture sociale contre la médiocrité bourgeoise, rupture artistique contre les modèles classiques, rupture géographique avec une passion pour le voyage et l'exotisme, rupture avec le monde pour s'intéresser à l'écoute de soi.

Le romantisme se distingue par l'**affirmation de soi**, de sa subjectivité, de ses émotions. L'essentiel est de **sentir** : sentir la nature, éprouver des passions, se sentir vivre soi-même. D'où une littérature poétique abondante dont Vigny, Lamartine, Hugo, Musset, Nerval sont les principaux représentants.

Le romantisme exprime la volonté de **se mesurer avec tout l'univers** : c'est l'époque des grandes entreprises romanesques. Stendhal oppose l'individu à la société (*Le Rouge et le Noir*) ; Balzac veut rendre compte de toute la société dans *La Comédie humaine* et Victor Hugo raconte les grands affrontements sociaux (*Les Misérables, Les Travailleurs de la mer, Notre-Dame de Paris*).

Le romantisme est enfin la **revendication d'une liberté** : liberté pour soi-même, liberté pour les peuples que les révolutions de 1830 et 1848 vont exprimer ; liberté dans l'art : liberté en littérature pour les genres et les styles, mais aussi en peinture avec Géricault et Delacroix, et en musique avec Berlioz.

■ Œuvres à retenir

• **Héros romantiques :** *René* de Chateaubriand, *Lorenzaccio* de Musset, *Aurélia* de Nerval, *Hernani* de Victor Hugo, Julien Sorel (*Le Rouge et le Noir*, Stendhal), Lucien de Rubempré (*Les Illusions perdues*, Balzac).

• **Lieux romantiques :** le lac (Lamartine), la mer (Victor Hugo), l'Orient (Nerval), l'Amérique (Chateaubriand), l'Espagne (Mérimée), le Rhin et ses vieux Burgs (Hugo)…

• **Tableaux romantiques :** *La Liberté guidant le peuple* (Delacroix), *Le Radeau de la Méduse* (Géricault).

• **Musique romantique :** *Symphonie fantastique* (Berlioz).

1 Quels pays étrangers ont influencé le romantisme français ?

_____

_____

2 Le romantisme est décrit comme un mouvement de ruptures. Dans quels domaines ces ruptures ont-elles eu lieu ?

_____

_____

3 Pourquoi le romantisme favorise-t-il la poésie ?

_____

_____

4 Quels sont les grands romanciers du XIXᵉ siècle ?

_____

_____

5 Quel principe du romantisme a eu des conséquences politiques ?

_____

_____

6 Voici quelques citations de poètes romantiques :

Lamartine (1790-1869) : « Pour tout peindre, il faut tout sentir. »
(_Premières Méditations poétiques_)

Vigny (1797-1863) : « J'aime la majesté des souffrances humaines. »   (_Les Destinées_)

Hugo (1802-1885) : « Le poète en des jours impies
Vient préparer des jours meilleurs.
Il est l'homme des utopies,
Les pieds ici, les yeux ailleurs. »   (_Les Rayons et les Ombres_)

Quelle conception des sentiments et du poète est exprimée dans ces citations ?

_____

_____

_____

_____

LE SURRÉALISME, L'EXISTENTIALISME, LE NOUVEAU ROMAN

● Le surréalisme

Comme le romantisme, le surréalisme est né d'une réaction : réaction contre la guerre de 1914-1918 ressentie comme une entreprise de mort.

Les surréalistes veulent réinventer la vie. Leurs mots d'ordre sont : « changer la vie », « transformer le monde ». Cette recherche de la vraie vie les conduit à s'opposer aux idées de patrie, de famille et de religion. Pour eux, l'esprit libre est un esprit poétique et plein d'humour, expression de l'inconscient.

Autour d'André Breton, auteur des manifestes surréalistes, on trouve Louis Aragon (*Le Paysan de Paris*, 1926), Robert Desnos (*La Liberté ou l'Amour*, 1927), Paul Éluard (*Capitale de la douleur*, 1926), les peintres Marcel Duchamp et Max Ernst, et le cinéaste Luis Buñuel (*L'Âge d'or*, 1930).

● L'existentialisme

Autant qu'un mouvement littéraire, l'existentialisme est d'abord une époque, l'après-Deuxième Guerre mondiale, un quartier, Saint-Germain-des-Prés, avec ses cafés et ses cabarets où Boris Vian jouait du jazz et où Juliette Gréco chantait sur des paroles de Jacques Prévert.

La formule de Jean-Paul Sartre, « L'homme n'est que ce qu'il se fait », résume l'existentialisme.

La Nausée (Jean-Paul Sartre, 1938), *L'Étranger* (Albert Camus, 1942), *Le Deuxième Sexe* (Simone de Beauvoir, 1949) sont les œuvres qui ont marqué la littérature mondiale : mal-être chez Sartre, sentiment de l'absurde chez Camus, libération de la femme chez Beauvoir reflètent les sentiments dominants de l'époque.

Camus obtiendra le prix Nobel en 1957 et Sartre le refusera en 1964.

● Le Nouveau Roman

Le Nouveau Roman fait partie de cette remise en question de la littérature qui a marqué l'après-guerre. Il réunit des romanciers qui ont d'abord en commun d'avoir le même éditeur (Les Éditions de Minuit). Chacun à sa manière va illustrer cette

Le 16 octobre 1970, La Cause du peuple, journal révolutionnaire, est censuré et interdit de vente par le gouvernement français. Jean-Paul Sartre, rédacteur en chef de ce journal, tient une conférence de presse pour le défendre.

destruction du roman classique identifié au roman de Balzac : Alain Robbe-Grillet (*Les Gommes*, 1953) s'amuse à construire des jeux de piste ; Michel Butor (*La Modification*, 1957) insiste sur la présence obsédante des choses ; Claude Simon (*La Route des Flandres*, 1960), prix Nobel en 1985, superpose les temps du récit ; Marguerite Duras (*Moderato cantabile*, 1958 ; *L'Amant*, 1984) fait du regard le moteur de ses récits.

À côté du Nouveau Roman, un nouveau théâtre met en cause les personnages et le langage : Eugène Ionesco (*La Cantatrice chauve*, 1950 ; *Les Chaises*, 1952), Beckett (*En attendant Godot*, 1952) en sont les principaux représentants.

1   **Quels mouvements littéraires ont résulté :**

• de la guerre de 1914-1918 : _____

• de la guerre de 1939-1945 : _____

2   **Quelles sont les différences entre le surréalisme et l'existentialisme ?**

_____

_____

3   **En quoi le Nouveau Roman est-il différent du roman traditionnel ?**

_____

_____

4   **Qu'est-ce que le Nouveau Roman et le nouveau théâtre ont en commun ?**

_____

_____

5   **Voici quelques citations d'écrivains surréalistes :**

« L'imaginaire est ce qui tend à devenir réel. »   (André Breton)

« La poésie, notre poésie se lit comme le journal du monde qui va venir. »   (Louis Aragon)

« Les mots sont nos esclaves. »   (Robert Desnos)

« Un rêve sans étoiles est un rêve oublié. »   (Paul Éluard)

Qu'est-ce que ces citations révèlent sur les préoccupations des surréalistes ?

_____

_____

6   **Voici quelques citations d'écrivains existentialistes :**

« L'homme est à inventer chaque jour. »   (Jean-Paul Sartre)

« L'héroisme est peu de chose, le bonheur est plus difficile. »   (Albert Camus)

« Si on vit assez longtemps, on voit que toute victoire se change en défaite. » (Simone de Beauvoir)

Quelles attitudes envers la vie sont exprimées dans ces citations ?

_____

_____

21 LA CULTURE VIVANTE

LA MUSIQUE

La musique est à la fois un art savant et un art populaire.

La musique classique française n'est ni une pratique familiale comme en Allemagne, ni un art collectif comme l'opéra en Italie.

Ce qui caratérise les musiciens français, c'est leur goût pour la recherche. Lulli fixe au XVIIe siècle les règles de l'opéra ; Rameau établit au XVIIIe siècle les bases de l'harmonie moderne ; au XIXe siècle, Berlioz bouleverse la symphonie et Bizet l'opéra ; Debussy et Ravel inventent de nouveaux sons et de nouveaux rythmes au début du XXe siècle. On doit à Olivier Messiaen la musique électro-acoustique, à Pierre Schaeffer la musique concrète et à Pierre Boulez un dépassement de la musique atonale de Schönberg.

Inventive, ludique, la musique classique française se distingue aussi par sa couleur, une orchestration brillante et une certaine légèreté : Couperin au XVIIe siècle, Lalo,

Carmen, *de Georges Bizet, est l'opéra français le plus populaire.*

Chabrier, Fauré au XIXe siècle, Dukas, Satie, Poulenc, Milhaud au XXe siècle illustrent aussi cette tendance.

On dit souvent que les Français ne sont pas un peuple musicien. Pourtant 25 % des Français pratiquent un instrument de musique. En dehors de Paris, la vie musicale est surtout importante dans les grandes villes qui ont toutes un théâtre d'opéra (Lyon, Marseille, Toulouse, Bordeaux, Strasbourg, Montpellier, Nice) et un orchestre symphonique (Lille, Nantes, Toulouse, Lyon, Chambéry, Strasbourg). Certaines formations musicales se sont spécialisées dans la musique classique et baroque (Les Arts Florissants, Les Musiciens du Louvre), ou contemporaine (Ensemble intercontemporain). Il existe aussi des associations qui animent la vie musicale dont les Jeunesses Musicales de France.

De nombreux festivals d'été sont consacrés à la musique ou à l'opéra. Les plus célèbres sont à Aix-en-Provence, à Montpellier et à Orange.

■ Œuvres à retenir

• L'opéra
Lulli (*Atys*, 1676), Rameau (*Les Indes galantes*, 1735), Berlioz (*La Damnation de Faust*, 1846 ; *Les Troyens*, 1858), Gounod (*Faust*, 1859), Bizet (*Carmen*, 1875), Offenbach (*Les Contes d'Hoffmann*, 1880), Massenet (*Manon*, 1884 ; *Werther*, 1892), Debussy (*Pelléas et Mélisande*, 1902), Ravel (*L'Enfant et les Sortilèges*, 1925), Poulenc (*Le Dialogue des carmélites*, 1957).

• Les grandes œuvres orchestrales
Berlioz (*Symphonie fantastique*, 1830), Bizet (*L'Arlésienne*, 1872), Lalo (*Symphonie espagnole*, 1873), Debussy (*Prélude à l'après-midi d'un faune*, 1894 ; *La Mer*, 1905 ; *Jeux*, 1912), Dukas (*L'Apprenti sorcier*, 1897), Ravel (*Ma mère l'Oye*, 1908 ; *Boléro*, 1928), Milhaud (*Le Bœuf sur le toit*, 1919), Messiaen (*La Turangalila-Symphonie*, 1948), Boulez (*Le Marteau sans maître*, 1958).

ACTIVITÉS

1 **Qu'est-ce qui caractérise la musique classique française ?**

____

____

____

____

2 **Citez un musicien français célèbre :**

- au XVIIe siècle :

____

- au XVIIIe siècle :

____

- au XIXe siècle :

____

- au début du XXe siècle :

____

- dans la deuxième moitié du XXe siècle :

____

3 **Qu'est-ce qui caractérise les œuvres orchestrales des compositeurs français ?**

____

____

____

____

4 **Citez une œuvre orchestrale de :**

- Berlioz :

____

- Debussy :

____

- Ravel :

____

- Boulez :

____

LA CHANSON

Il existe de grandes traditions de la chanson française que les artistes renouvellent continuellement.

• **Art populaire de protestation**, ses deux vedettes au XIXe siècle sont Aristide Bruand et Béranger. Léo Ferré, Jean Ferrat dans les années 1960, Pierre Perret au cours des années 1970, Renaud dans les années 1980 et aujourd'hui les rapeurs assurent la vitalité de cette tendance.

• **Art de diseuse légère ou réaliste**, la chanson suscite des générations continues d'interprètes féminines : Yvette Guilbert au début du siècle puis Damia, Fréhel dans les années 1920-1930, Édith Piaf, avant et après la Seconde Guerre mondiale et, plus près de nous, Catherine Sauvage, Juliette Gréco et Barbara.

• **Art du music-hall**, Mistinguett, Joséphine Baker, Maurice Chevalier, Line Renaud assureront le succès international du genre. Aujourd'hui, ce sont les spectacles musicaux comme *Notre-Dame de Paris* qui héritent de cette tradition.

• Avec Charles Trenet, la chanson française devient un **art d'auteur-compositeur-interprète** et s'affirme comme la tendance la plus forte : Charles Aznavour, Georges Brassens, Jacques Brel, Gilbert Bécaud sont les vedettes des années 1950-1960 ; ont suivi Serge Gainsbourg, Claude Nougaro, Michel Polnareff, Françoise Hardy puis Julien Clerc, Michel Berger, Bernard Lavilliers, Maxime Le Forestier, Michel Jonasz, Francis Cabrel, Alain Bashung, Alain Souchon, Yves Simon, Jacques Higelin ; et plus près de nous Jean-Jacques Goldmann, Patrick Bruel, Pascal Obispo, Étienne Daho, Jean-Louis Murat, Miossec, Mirwais...

• **Art d'interprète**, la chanson française est bien servie dans des genres et des styles très différents par des chanteurs ou chanteuses comme Mouloudji, Yves Montand, Dalida, Serge Reggiani,

Daft Punk : le succès de la musique électronique française.

Sylvie Vartan, Johnny Halliday, Eddy Mitchell, France Gall, Serge Lama, Jane Birkin, Patricia Kaas...

• Aujourd'hui, la chanson française apparaît plus que jamais **métissée** : métissée d'influences **francophones** (Kassav, Rachid Taha) ou **ethniques** (Mano Negra, Manu Chao). En même temps qu'elle redécouvre son patrimoine corse (I Muvrini) ou celte, elle occupe une place importante dans la **musique électronique** (Air, Daft Punk) et la **musique de DJ** (Laurent Garnier).

Le groupe celtique Tri Yann (Bretagne).

1 Vous organisez un festival de chanson française. Quels chanteurs ou chanteuses allez-vous choisir pour représenter les différentes traditions de la chanson ?

_____
_____
_____
_____
_____
_____
_____

2 Quelles sont les influences qui favorisent le renouvellement de la chanson française aujourd'hui ?

_____
_____
_____
_____
_____
_____
_____

3 Qu'est-ce que _Les Misérables_ et _Notre-Dame de Paris_ ont en commun ?

_____
_____
_____
_____
_____

4 Si vous deviez choisir une chanson française pour l'écouter, laquelle choisiriez-vous ? Pourquoi ?

_____
_____
_____
_____
_____

LE CINÉMA

180 millions de spectateurs, 160 films produits, 4 000 salles, le cinéma français occupe la première place en Europe.

Le cinéma est en France une **véritable culture** : il a ses **revues** populaires (*Première* et *Studio*) et savantes (*Les Cahiers du cinéma*), ses librairies, ses collectionneurs, un réseau important de **ciné-clubs** et de **cinémas d'art et d'essai**, ses **festivals** (Cannes) ; les médias lui consacrent beaucoup de place. De même qu'un livre, un film est un objet de débat et d'analyse et les réalisateurs de films sont considérés comme des auteurs.

Le Pacte des loups, *Christophe Gans (2000) : le grand retour du cinéma populaire et spectaculaire.*

- Ce sont les **frères Lumière** qui, en 1895, ont offert au public français la première séance de cinéma payante.

- De la longue histoire du cinéma français, on retiendra **au temps du muet** la créativité de Georges Méliès (*Le Voyage dans la Lune*, 1902), le sens épique d'Abel Gance (*Napoléon*, 1926), le goût de la provocation de René Clair (*Entr'acte*, 1924).

- Le **réalisme social et poétique des années 1930** donnera les chefs-d'œuvre de Jean Renoir (*La Grande Illusion*, 1937) et surtout de Marcel Carné-Jacques Prévert (*Quai des Brumes*, 1938, *Le jour se lève*, 1939, *Les Enfants du Paradis*, 1945). Un acteur domine l'époque : Jean Gabin.

- À la fin des années 1950 et au début des années 1960, la **Nouvelle Vague** va bousculer toute l'esthétique du cinéma mondial avec François Truffaut (*Jules et Jim*, 1961), Jean-Luc Godard (*À bout de souffle*, 1960) et Claude Chabrol (*Le Beau Serge*, 1958) mais aussi Agnès Varda (*Cléo de 5 à 7*, 1961), Jacques Demy (*Les Parapluies de Cherbourg*, 1964), Claude Lelouch (*Un homme et une femme*, 1966), Philippe de Broca (*L'Homme de Rio*, 1963), Alain Resnais (*Hiroshima mon amour*, 1959), Louis Malle (*Ascenseur pour l'échafaud*, 1957).

Une nouvelle génération d'acteurs s'impose : Brigitte Bardot, Jeanne Moreau, Alain Delon, Jean-Paul Belmondo, Catherine Deneuve, Jean-Louis Trintignant...

- Après Mai 1968, les **préoccupations sociales et politiques** dominent : Romy Schneider et Michel Piccoli, Yves Montand, Gérard Depardieu, Isabelle Huppert incarnent les héros des films de Claude Sautet (*Les Choses de la vie*, 1970), Maurice Pialat (*Loulou*, 1980), Bertrand Tavernier (*Coup de torchon*, 1981), Costa Gavras (*Z*, 1968).

- Les **années de crise économique** sont pour le cinéma français des années de doute. Retour à une **inspiration littéraire** (*Cyrano, Jean de Florette, Germinal, La Reine Margot*), recherche d'un **cinéma spectaculaire** (*La Guerre du feu, Le Nom de la rose, Le Grand Bleu, Nikita, Le Cinquième Élément, Le Pacte des loups*), nouvelles tendances de la **comédie** (*Les Visiteurs, La vie est un long fleuve tranquille, Trois Hommes et un couffin, La vérité si je mens, Le Fabuleux Destin d'Amélie Poulain*), **films pour adolescents** (*La Boum*), arrivée d'un **cinéma féminin** (Claire Denis, Laetitia Masson, Tonie Marshall), recherche d'un **cinéma très personnel** (Desplechin, Beauvois, Kahn). Ces films regroupent souvent ancienne et nouvelle génération d'acteurs dont Jean Réno, Vincent Perez, Samuel Le Bihan, Sophie Marceau, Isabelle Adjani, Sandrine Bonnaire, Juliette Binoche...

1 Quelle place occupe le cinéma dans la vie française ? Justifiez votre réponse à l'aide d'exemples précis.

_____

_____

2 Pourquoi les frères Lumière sont-ils célèbres dans l'histoire du cinéma ?

_____

3 Quelles sont les différentes périodes de l'histoire du cinéma français depuis la période du cinéma muet ?

_____

_____

_____

_____

4 Choisissez un acteur ou une actrice cité(e) dans le texte et faites son portrait.

_____

_____

_____

5 Présentez un film français que vous avez vu. Parlez du scénario, des endroits où l'action a lieu, des acteurs, des dialogues, du metteur en scène. Décrivez une scène que vous avez particulièrement aimée.

_____

_____

_____

6 Le Festival de Cannes est devenu chaque année en mai le rendez-vous du cinéma international. Pourquoi ce festival a-t-il un si grand succès ?
Avez-vous lu dans la presse ou vu à la télévision un reportage sur ce festival ?
Quand vous voyez une publicité pour un film et des acteurs qui ont reçu un prix à Cannes, avez-vous envie d'aller voir le film ? Donnez vos raisons.

_____

_____

_____

LE FRANÇAIS QUI BOUGE

Les Français adorent jouer avec leur langue : qu'ils soient écrivains, hommes politiques, chauffeurs de taxi, dialoguistes de films, enfants des cités de banlieue, humoristes, passionnés de Scrabble ou de l'émission *Le Mot le plus long*, tous ont en commun la passion des mots.

Une académie, l'**Académie française**, veille sur les mots et sur leur bon usage. Elle a été fondée par le cardinal de Richelieu en 1634 et se compose de quarante membres : on les appelle « les Immortels ». L'écrivain Marguerite Yourcenar a été la première femme élue à l'Académie (1980) ; l'historienne Hélène Carrère d'Encausse est, en 2000, la première femme élue secrétaire perpétuelle.

À côté de l'Académie française, il y a une vraie **académie de la rue**. Aujourd'hui, ce sont les adolescents et les cités qui donnent le ton : ils trouvent leur vocabulaire dans la rue, dans les publicités, dans les sitcoms ; la « tchatche » des banlieues puise, elle, ces mots dans l'arabe (*ouallah* pour « je te jure »), le créole ou le tzigane (*gadjo* pour « homme »). Ainsi la « teuf » (fête), le « taf » (travail), les « beurs » (arabes), « kiffer » (capter), « bouffon » (un nul), « caillera » (racaille) sont passés dans le langage courant.

Les chanteurs de **rap** notamment ont beaucoup utilisé ou récupéré ce vocabulaire.

Mais chaque époque fabrique aussi ses **tics de langage** : les années 1980 nous ont laissé : « on se téléphone, on se fait une bouffe », « ça craint », « c'est galère », « à tchao, bonsoir », « o'kay » ou « ça l'fait »…

Aux années 1990, on doit : « j'te dis pas »… et les mots venus de l'Internet : on dit ainsi « je suis formaté » pour « je suis fait pour ça » et « j'imprime pas » pour « je ne comprends pas ».

En 2000, le congrès de la Fédération internationale des professeurs de français accueillait Bernard Pivot pour sa fameuse dictée, les « Dico d'or ».

La **culture vivante** est le lieu principal d'expression de cette langue qui bouge : la chanson, la bande dessinée, les humoristes, les émissions satiriques sont tout à la fois des capteurs et des producteur de mots.

Cette passion des mots, on la retrouve dans les nombreuses chroniques consacrées par les journaux ou les radios à la langue, dans le courrier des lecteurs qui se plaignent des fautes de français, dans l'événement que constitue chaque année l'introduction de nouveaux mots dans les dictionnaires (*Petit Larousse*, *Petit Robert*) et, bien sûr, dans le succès qu'ont connu les émissions littéraires télévisées de Bernard Pivot comme *Bouillon de culture* ou bien encore sa fameuse dictée.

ACTIVITÉS

1 Quelle institution officielle défend le bon usage de la langue française ?

_____

2 Pourquoi cette institution ne peut-elle pas tenir compte de l'évolution rapide et des nouvelles inventions du français parlé ?

_____

_____

_____

3 Pourquoi ne trouve-t-on pas dans un dictionnaire général de la langue française tous les mots utilisés par les Français d'aujourd'hui dans leurs conversations ?

_____

_____

4 Quelles sont les sources des nouveaux mots utilisés par les Français d'aujourd'hui ?

_____

_____

_____

5 Citez des exemples qui illustrent la passion qu'ont les Français pour leur langue.

_____

_____

6 Quelle influence les « mots de la rue » exercent-ils aujourd'hui sur la version parlée de votre langue maternelle ? Quelles sont les sources de ces mots ? Donnez des exemples.

_____

_____

_____

7 Y a-t-il une langue étrangère qui influence beaucoup la version parlée de votre langue maternelle aujourd'hui ? Si oui, pourquoi ?

_____

_____

_____

LES MÉDIAS

Jusqu'en 1980, il y avait en France trois chaînes de télévision du service public (sociétés nationales), Radio France (société nationale), deux radios privées périphériques dites « grand public », RTL et Europe 1.

À partir de l'arrivée au pouvoir des socialistes en 1981, tout change. Le mouvement des **radios libres** provoque une libération de la bande FM. Des centaines de radios se créent sur tout le territoire : radios thématiques, musicales, communautaires mais aussi citoyennes, associatives, rurales… Vingt ans après, à côté des radios associatives ou communautaires qui continuent, il existe quelques grands groupes dont les stations couvrent désormais tout le territoire. Parmi eux, on trouve Énergie, Fun Radio, Skyrock, Radio Nova, qui sont les plus écoutées par les jeunes. France Info (information en continu) est devenue l'une des radios les plus écoutées.

À la **télévision**, il y a maintenant six grandes chaînes : deux chaînes de service public généralistes (France 2 et France 3), deux chaînes privées généralistes (TF1 et M6), une chaîne payante (Canal+) et une chaîne éducative et culturelle (La 5ᵉ/Arte). Canal+, chaîne payante de cinéma et de sport, est devenu un véritable phénomène de société et de génération : il y a un style, un humour, une manière de s'engager, un regard sur l'actualité, des personnages « Canal+ ». Aujourd'hui, Canal+ constitue le premier réseau de télévision payant en Europe.

En 1998, le nombre d'abonnés aux chaînes du satellite est supérieur à celui des chaînes du câble. Les plus regardées de ces chaînes thématiques sont Eurosport, Ciné Cinémas, Canal Jimmy, RTL 9, Disney Channel, Paris Première et LCI.

La **presse quotidienne** se partage entre les journaux nationaux (*Le Monde, Le Parisien, Le Figaro, Libération*), qui sont lus par moins d'un Français sur cinq, et les jour-

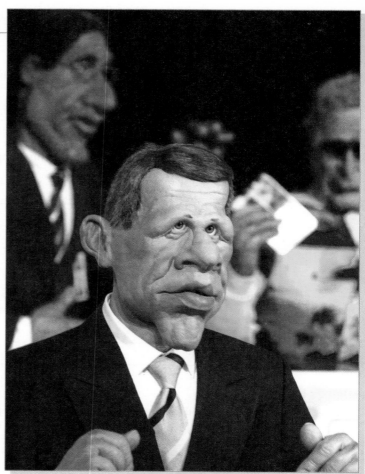

La télévision, miroir de la société française :
les Guignols de l'info, *les célèbres marionnettes de Canal+, sont la satire sociale et politique la plus populaire en France. Ici, Patrick Poivre d'Arvor, présentateur du journal télévisé de 20 heures (TF1).*

naux régionaux (*Ouest France, Le Provençal, Les Dernières Nouvelles d'Alsace, Le Progrès de Lyon*), lus par moins d'un Français sur trois. C'est le quotidien du sport *L'Équipe* qui a le plus grand nombre de lecteurs. Il a bénéficié de l'enthousiasme croissant des Français pour le sport.

Les Français lisent beaucoup plus les **magazines** : magazines d'actualité (*Paris Match, L'Express, Le Nouvel Observateur, Le Point*), magazines féminins (*Elle, Marie Claire, Femme actuelle*), magazines sur le cinéma (*Studio, Première*), magazines générationnels (*L'Étudiant, Phosphore, Notre Temps*), mai aussi magazines sur le sport, la cuisine, la santé…

Sur les dix hebdomadaires les plus lus, sept sont des magazines de télévision (*Télé 7 jours, TV magazine*, etc.).

1 Qu'est-ce qui distingue le fonctionnement des stations de Radio France et celui des autres stations de radio ?

2 Qu'est-ce qui caractérise les programmes des autres stations de radio ?

3 Quelles sont les différences entre les chaînes de télévision France 2 et France 3 et les chaînes TF1, Canal+ et M6.

4 Comment la télévision par satellite et par câble a-t-elle modifié les habitudes télévisuelles des Français ?

5 Quels sont les deux principaux types de journaux en France ?

6 Pourquoi le quotidien *L'Équipe* a-t-il un si grand succès ?

7 Qu'est-ce qui pourrait expliquer le succès des hebdomadaires de télévision ?

22

LES PRATIQUES CULTURELLES

LES SPORTS

Les Français sont de plus en plus sportifs : plus de 80 % d'entre eux, dont 35 % de femmes, affirment entretenir leur forme physique. Il s'agit d'être bien dans son corps et dans sa tête, d'être efficace et de plaire.

Tous les sports sont concernés : les Français pratiquent volontiers la randonnée, le cyclotourisme, la natation, le ski, mais aussi la course à pied, le tennis, l'escalade, la planche à voile, le surf ou la plongée sous-marine. Les femmes en particulier sont très attirées par la danse, la gymnastique et l'équitation.

Les **sports collectifs** sont surtout pratiqués dans des clubs. La France compte 13 millions d'adhérents. Les sports les plus populaires sont le football (2 millions), le tennis (un million), le judo (500 000), le basket (450 000), le rugby (300 000), le ski (260 000) mais également le golf, la voile, le handball et la natation.

La vie en bleu

Jacques Chirac décore de la légion d'honneur Zidane.

Depuis 1998 et la Coupe du Monde de football, les Français voient la vie en bleu, d'après la couleur de l'équipe nationale. Celle-ci est devenue le miroir d'eux-mêmes grâce à des joueurs unis dans la diversité black, blanc, beur de leurs origines, rassemblés autour d'une entreprise commune, solidaires dans l'effort. Cette aventure des footballeurs Zidane, Desailly, Thuram, Henry, Wiltord, Trezeguet, Petit, Lizarazu, Barthès, Blanc, Deschamp est devenue représentative d'une France qui croit à nouveau en elle et en son avenir.

Garder la forme est devenu une préoccupation de beaucoup de Français.

Les **nouvelles pratiques sportives** reflètent le goût de la vitesse (motocyclisme), la violence urbaine (tae kwondo, karaté, aïkido), la recherche d'activités extérieures (parapente, VTT, rafting), l'importance de l'individualisme (golf).

La France est aussi le pays du **sport-spectacle** avec le Tour de France cycliste, le Grand Prix automobile de Monaco et le rallye automobile Paris-Dakar. On doit aussi au baron Pierre de Coubertin l'invention des Jeux olympiques modernes et à Jules Rimet celle de la Coupe du Monde de football.

1 Qu'est-ce qui indique que faire de la gymnastique et pratiquer un sport sont devenus pour la plupart des Français une partie importante de leur vie ?

_____

_____

_____

2 Quels sports les Français aiment-ils pratiquer comme des activités individuelles, sans être inscrits dans un club ?

_____

_____

_____

3 Quels sont les sports collectifs les plus populaires ?

_____

_____

_____

4 Quelles préoccupations sont à l'origine de nouvelles pratiques sportives ?

_____

_____

_____

5 Qui a lancé l'idée des Jeux olympiques modernes ?

_____

6 Quel sport-spectacle attire le plus grand nombre de spectateurs ? Pourquoi ?

_____

_____

7 Qu'est-ce que la victoire de l'équipe de France dans la Coupe du Monde de football en 1998 a changé en France ?

_____

_____

LES LOISIRS

Les Français travaillent en moyenne 1 700 à 1 800 heures par an ; ils ont cinq semaines de vacances et une partie d'entre eux profite aujourd'hui de la semaine de 35 heures ou encore de jours de congés supplémentaires dans le cadre de la loi sur la réduction du temps de travail (RTT). Le temps libre est donc en augmentation.

Réaliser ses désirs, faire le vide de ses soucis sont les deux raisons qui guident l'organisation de loisirs de plus en plus diversifiés.

C'est l'offre médiatique et audiovisuelle qui occupe le plus de temps (6 heures par jour environ) grâce aux équipements en téléviseurs, magnétoscopes et DVD, chaînes hifi et micro-ordinateurs. Mais le bricolage (50 %), les collections de toutes sortes (25 %), les jeux de cartes ou de société (50 %) sont aussi des activités très pratiquées.

Quand ils sortent, les Français se consacrent au sport, à la vie associative (20 %), aux activités culturelles : grâce à l'équipement de leur ville ou village, ils sont 80 % à avoir accès à une bibliothèque, 75 % à une école de musique ou de danse, 50 % à une salle de spectacle ou à un centre culturel.

Les Français dépensent en moyenne 1 200 € pour leurs activités culturelles :

Le cinéma est la première sortie des Français : ici, au Rex, le plus grand cinéma d'Europe, Le Fabuleux Destin d'Amélie Poulain, qui a été le grand succès du cinéma français en 2001.

■ Sortir

Quand ils sortent, les Français vont d'abord au cinéma (50 %), visiter un musée ou un monument (35 %), voir une exposition (25 %), assister à un spectacle amateur (20 %), au théâtre (16 %), au cirque (13 %), dans un parc d'attractions (11 %), au music-hall, assister à un concert de rock, de jazz ou de musique classique (9 %), à l'opéra (3 %).

achat de presse, de magazines et de livres, achat de vidéos et de CD, abonnements télévision, spectacles, cinéma, photo, brocante.

Ils sont de plus en plus nombreux à se rendre aux expositions, à fréquenter des festivals, à visiter des monuments, à s'intéresser aux techniques et à la science.

Certaines activités culturelles restent très élitistes malgré de gros efforts de démocratisation : l'opéra, les concerts de musique classique...

Au total, le budget des loisirs est en train de devenir **la plus importante des dépenses** (25 %) des Français.

1 Pourquoi le temps des loisirs a-t-il augmenté en France ?

2 Quel loisir occupe plusieurs heures de la vie quotidienne de la plupart des Français ?

3 Pourquoi l'équipement culturel d'une ville est-il important ?

4 Quels sont les types d'activités culturelles pour lesquels les Français dépensent de l'argent ?

5 Quand les Français sortent, quelles sont leurs activités préférées ?

La plage est l'endroit favori des vacanciers français.

LES VACANCES

L'été reste la période principale des vacances. 13 millions de Français partent en juillet et 20 millions en août.

Et pourtant, on constate une multiplication des courts séjours et des longs week-ends en dehors de cette période. L'hiver et les sports de neige attirent également un peu plus de 10 % des Français.

Quand ils partent, les Français choisissent d'abord la mer, puis la campagne, d'abord la France, puis l'étranger, d'abord la Méditerranée puis l'Atlantique.

La baignade et les sports nautiques, la randonnée à pied, la promenade, la visite de monuments sont parmi les activités les plus pratiquées.

Mais de nouvelles formes d'activités plus sportives se développent : parapente, rafting, escalade, VTT...

Les parcs à thèmes (Astérix, Disneyland, Futuroscope), le tourisme industriel (visite de l'usine marémotrice de la Rance, des fromageries de Roquefort, des usines Perrier à Vergèze, de la centrale nucléaire de Chinon), les séjours dans des parcs de détente (Center Parcs) dessinent de nouvelles pratiques vacancières.

La France reste la première destination des Français, mais les séjours de vacances à l'étranger augmentent. Environ 12 % des Français partent en vacances **à l'étranger**, principalement en Europe : Espagne, Grande-Bretagne, Italie, Allemagne.

Quand ils partent pour des vacances plus lointaines, les Français choisissent l'Afrique du Nord mais aussi les États-Unis, l'Asie du Sud-Est, Cuba, les Antilles ou l'île Maurice.

1 À quels mois, les Français préfèrent-ils prendre leurs vacances d'été ?

_____

_____

_____

2 Où les Français préfèrent-ils passer leurs vacances ?

_____

_____

_____

3 Qu'est-ce que les Français aiment faire pendant leurs vacances d'été ?

_____

_____

_____

4 En hiver, comment peut-on passer les vacances ?

_____

_____

_____

5 Quand les Français passent leurs vacances à l'étranger, quelles sont leurs destinations préférées ?

_____

_____

6 Quelles sont les nouvelles pratiques vacancières des Français ?

_____

_____

7 Ces nouvelles pratiques sont-elles similaires dans votre pays ? Justifiez votre réponse en donnant des exemples.

_____

_____

LES ACTIVITÉS ARTISTIQUES

De nombreux Français pratiquent des activités artistiques **en amateur**, pour leur simple plaisir : ils sont 18 % à faire de la musique, 32 % à faire du théâtre, de la danse avec des troupes, à participer à des ateliers d'écriture, de peinture, de sculpture ou de gravure.

Chaque catégorie (jeunes ou adultes, actifs ou retraités, hommes ou femmes) ne pratique pas les mêmes activités.

Les hommes préfèrent faire de la musique ou chanter, les femmes préfèrent la sculpture, la peinture, la gravure, font de la danse, tiennent un journal intime, s'exercent à la poterie, à la reliure ou à la céramique.

Écriture, peinture, sculpture, gravure – tout ce qui est prolongement de la main –, activités solitaires, qui sont une autre manière de communiquer avec son entourage, connaissent un succès croissant.

Parisiens, ils sont les plus nombreux à faire du **théâtre** en amateur ; mais ce sont les ruraux qui pratiquent le plus la **danse folklorique**, notamment en Bretagne.

25 % des Français savent jouer d'un **instrument de musique** et le prouvent chaque année à l'occasion de la **fête de la Musique**.

Un collectionneur de cartes téléphoniques.

Ils jouent majoritairement de la guitare, mais aussi de la flûte qu'ils ont apprise à l'école et, pour les plus privilégiés, du piano.

Enfin, jeunes ou vieux, ils sont près d'un tiers à faire une **collection** : à côté des collections de timbres, les Français collectionnent les cartes postales, les pièces de monnaie, les objets d'art et même les cartes téléphoniques !

La fête de la Musique a lieu chaque année, le 21 juin.

ACTIVITÉS

1 Quelles sont les principales activités artistiques pratiquées par les Français en amateur ?

_____

_____

_____

2 Qu'est-ce que les hommes préfèrent faire ?

_____

_____

3 Qu'est-ce que les femmes préfèrent faire ?

_____

_____

4 Où pratique-t-on le plus la danse folklorique ?

_____

_____

5 Quelle fête annuelle encourage la participation des gens qui jouent d'un instrument de musique ?

_____

6 Dans votre pays, les gens aiment-ils faire une collection ? Qu'est-ce qu'ils collectionnent plus particulièrement ?

_____

_____

7 Voici la répartition des dépenses (achat de matériel, instruments, formation) des Français pour leurs activités artistiques en amateur : musique 47 % ; arts plastiques 24 %, écriture 16 %, danse 11 % et théâtre 2 %.
Cette répartition est-elle similaire dans votre pays ? Justifiez votre réponse.

_____

_____

_____

_____

23

AU JOUR LE JOUR

LE CALENDRIER

Pour les Français, l'année commence deux fois : le 1er janvier et début septembre.

En janvier, ils échangent leurs vœux par téléphone, en envoyant des cartes de vœux ou des messages électroniques. Au cours de cette année-là, ils changeront deux fois d'heure (heure d'hiver : dernier dimanche d'octobre, heure d'été : dernier dimanche de mars), iront voter au moins une fois, en général au printemps. Ceux qui paient l'impôt découpent l'année par tiers : premier tiers en février, dernier tiers en septembre, le plus difficile à payer, juste après les vacances.

Début septembre commence l'année organisée par le **calendrier scolaire** : c'est la rentrée ! On parle de rentrée politique, de rentrée syndicale, des spectacles de la rentrée… Ainsi, la France vit aussi au rythme de la **rentrée** des classes, des **vacances scolaires** de la Toussaint (1er novembre), de Noël, du Mardi gras ou vacances de neige (février), de Pâques. L'examen du **baccalauréat** en juin est le grand moment de l'année scolaire : toute la France passe le bac et médite sur les sujets de philosophie, l'épreuve dont tous les médias parlent.

Les résultats du baccalauréat à peine connus, la France part en vacances : c'est le temps des embouteillages sur les routes et du bronzage sur les plages.

Le calendrier français indique la fête des saints et des saintes et les fêtes nationales.

1 Quelle saison (hiver, printemps, été, automne) est associée aux activités suivantes ?

• Les sports de neige : _____

• Les grandes vacances : _____

• Les nouvelles feuilles sur les arbres : _____

• Les vendanges : _____

• Le réveillon : _____

2 Quel mois est associé aux événements suivants ?

• La rentrée : _____

• Les vacances de la Toussaint : _____

• Les vacances de Noël : _____

• Les vacances de neige : _____

• Les vacances de Pâques : _____

• Le baccalauréat : _____

3 Quand dit-on :

• « Bonne année ! » : _____

• « Joyeuses Pâques ! » : _____

• « Bonnes vacances ! » : _____

4 Reliez chaque proverbe à sa signification.

« En avril ne te découvre pas d'un fil, en mai fais ce qu'il te plaît. » •
  • On ne peut rien conclure d'un seul cas.

« Une hirondelle ne fait pas le printemps. » •
  • On ne doit pas mettre des vêtements légers en avril, on peut le faire en mai.

5 Quels sont les mois les plus importants de votre année ? Pourquoi ?

_____

_____

_____

_____

_____

_____

À CHACUN SON TEMPS

Le catholicisme a donné son rythme au calendrier des Français. Noël, Pâques, Pentecôte, Toussaint sont les repères forts de la pratique religieuse et de la vie sociale : moments de retrouvailles familiales autour du sapin et des cadeaux à **Noël** ; souvenir des morts pour la **Toussaint** (c'est l'occasion de fleurir les tombes le plus souvent avec des chrysanthèmes).

Pâques et **Pentecôte** ont déjà un goût de vacances et de soleil : c'est le temps des petits voyages de proximité (Londres, Rome, Venise, Lisbonne, Madrid ou Amsterdam) ; l'**Ascension** et le **15 août** sont l'occasion de week-ends prolongés : le 15 août, fête de la Vierge ou Assomption, correspond au moment où le plus grand nombre de Français sont en vacances ; de nombreuses fêtes de village sont organisées durant cette période. C'est aussi le temps des week-ends où il y a le plus d'accidents sur les routes.

Aujourd'hui, d'autres dates du calendrier religieux sont respectées : le **Ramadan** des musulmans et la **fête de l'Aïd**, le

On peut placer son soulier sous l'arbre de Noël pour recevoir des cadeaux.

Grand Pardon des juifs ainsi que le **Nouvel An chinois**.

La France républicaine imprime, elle aussi, sa marque sur le temps et sur la vie sociale.

Le **1er mai** (fête du Travail) est l'occasion d'offrir du muguet « porte-bonheur ».

8 mai (fête de la Victoire 1939-1945), **14 juillet** (Fête nationale), **11 novembre** (armistice 1914-1918) sont les temps forts de la célébration de la mémoire nationale, pendant lesquels se mêlent souvenirs et questionnements. Entre la Collaboration avec les nazis de la période 1939-1945, les millions de morts inutiles de 1914-1918, les violences pendant la guerre d'Algérie (1954-1962), la **mémoire nationale** a beaucoup à faire.

■ Un temps de cinéma…

Mois, saisons, jours, événements, le cinéma aime raconter le temps qui passe…

Ses mois préférés, ceux de l'été, le temps des rencontres : *Rendez-vous de juillet*, *Paris au mois d'août*. Pour ses saisons, il se partage entre hiver (*L'Enfant de l'hiver*, *Un cœur en hiver*, *Un singe en hiver*) et été vite oublié (*Nuits d'été en ville*). Les jours de semaine sont des moments privilégiés, malheureux, harmonieux ou tragiques : *Week-end à Zuytcoote*, *Un dimanche à la campagne*, *Les Dimanches de Ville-d'Avray*.

Le cinéma enregistre aussi les moments importants : *Baptême*, *La Communion solennelle*, *Noces blanches* ou *Noces rouges*, le baccalauréat (*Passe ton bac d'abord*)…

Temps long ou temps court, il les raconte tous : *Cléo de 5 à 7*, *Une semaine de vacances*, *Les Nuits de la pleine lune*, *La Morte Saison des amours*, *L'Année Dernière à Marienbad*, *La Bonne Année*.

Enfin, il engage toutes et tous à prendre *Le Temps de vivre*.

ACTIVITÉS

1 Repérez sur le calendrier (p. 148) tous les jours de congé de janvier à décembre cités dans le texte ci-contre et classez-les d'après leur origine religieuse ou républicaine.

_____

_____

_____

2 Qu'est-ce que les congés d'origine catholique révèlent sur l'histoire de la France ?

_____

_____

3 Pourquoi le calendrier religieux français n'est-il plus limité aux fêtes catholiques ?

_____

_____

4 Quel congé d'origine républicaine est une fête très populaire avec des feux d'artifice ? Quelle est sa signification ?

_____

5 À quelles célébrations sont associés :

• Le sapin : _____

• Les souvenir des soldats morts pour la France : _____

• Le réveillon : _____

• Le muguet : _____

• La visite des cimetières : _____

• Les origines démocratiques de la vie nationale : _____

• Les œufs au chocolat : _____

6 Comparez les jours de congé en France et dans votre pays. Expliquez les différences.

_____

_____

7 Choisissez un ou plusieurs jours de congé en France et décrivez les traditions qui y sont associées.

_____

_____

UNE JOURNÉE ORDINAIRE

Le travail, l'école, la vie familiale, les loisirs règlent la vie quotidienne des Français.

Un emploi du temps type ne doit pas faire oublier que la campagne et la province se lèvent plus tôt que Paris et que Paris et sa banlieue se couchent plus tard, que la campagne et la province prennent plus de temps pour déjeuner que Paris et sa banlieue et qu'elles perdent moins de temps dans les transports.

- **7 h-8 h** : lever, toilette, petit déjeuner.
- **8 h** : début des cours au lycée ; ouverture des entreprises de main-d'œuvre.
- **8 h 30** : début des classes à l'école.
- **8 h 30-9 h 30** : ouverture des administrations, magasins ; arrivée au bureau pour les entreprises de services.
- **11 h 30-12 h** : fin des classes et des cours de la matinée.
- **12 h-14 h** : pause déjeuner (une heure) : cantine pour les élèves et le personnel des entreprises et des administrations, restaurant universitaire (resto-U) pour les étudiants, sandwicherie,

Boutiques : ici, une ouverture matinale et une fermeture tardive.

■ Faire la fête

Les deux fêtes que les Français célèbrent le plus sont la fête de Noël et le réveillon du jour de l'An. Mais ils fêtent aussi le 6 janvier, la galette des rois ; le 2 février, la Chandeleur où on mange des crêpes ; le 14 février, la Saint-Valentin ; en mai la fête des Mères et, en juin, la fête des Pères.

Le 21 juin, premier jour de l'été et jour le plus long de l'année, est aussi celui de la fête de la Musique. En 1997, les Français ont importé la tradition américaine de Halloween, devenue ensuite, avec ses citrouilles et ses enfants déguisés, une fête très populaire le 31 octobre.

restauration rapide, brasserie, restaurant (plat du jour).

- **13 h 30/14 h-16 h 30/17 h** : deuxième demi-journée de classes et de cours ; goûter pour les enfants vers 17 h.
- **17 h-18 h 30** : sortie des bureaux.
- **19 h** : fermeture des magasins, sauf les super et hypermarchés ouverts jusqu'à 20 h ou 22 h.
- **20 h** : dîner, journal télévisé.
- **20 h 30** : début des spectacles.
- **21 h** : programme de début de soirée sur les chaînes de télévision.
- **22 h 30-23 h** : coucher.

1 Dans l'emploi du temps ci-contre, relevez le temps consacré aux activités chez soi ; à l'école ; au travail ; aux loisirs.

_____

_____

_____

_____

2 Comparez la journée de travail d'un ouvrier, d'un(e) employé(e) de bureau et d'un(e) employé(e) d'hypermarché.

_____

_____

_____

_____

3 Quelles sont les différences entre l'heure du lever et l'heure du coucher des Parisiens et des provinciaux ?

_____

_____

4 Qu'est-ce que l'enseigne ci-contre sur la porte d'entrée d'une petite boutique nous révèle des habitudes françaises ?

_____

_____

5 Avec des amis français, vous organisez une soirée pour une fête citée dans l'encadré ci-contre. Décrivez les différents moments de la fête (organisation, préparation et déroulement).

_____

_____

_____

6 Quelle part de votre emploi du temps accordez-vous au travail et quelle part aux loisirs ? Aimez-vous faire la fête ? Quand ?

_____

_____

_____

24

CHEZ SOI

COLLECTIF OU INDIVIDUEL

La maison individuelle fait partie de l'imaginaire collectif des Français : elle est associée à la famille, aux enfants, à la vie de retraités.

56 % des familles habitent une **maison** : cadres avec enfants, classes moyennes supérieures, retraités constituent la population majoritaire de ces maisons individuelles. 18 % habitent une **HLM** (habitation collective à loyer modéré) : on y trouve des couples plus jeunes, des immigrés et des gens âgés qui ont de faibles revenus. Les HLM, situées le plus souvent dans la banlieue des villes, sont regroupées dans de grands ensembles appelés « cités ». Certaines d'entre elles connaissent aujourd'hui des problèmes d'insécurité et de délinquance.

Au total, on compte 54 % de Français **propriétaires** et 12 % qui ont, en plus de leur logement principal, une **résidence secondaire** à la campagne.

L'allongement de la durée des études, une entrée plus tardive dans la vie active ont vu se développer de **nouvelles formes de cohabitation** ; les 73 % de jeunes de plus de 20 ans qui vivent chez leurs parents ont construit de nouvelles relations : dépendance pour la nourriture et l'entretien, indépendance financière et affective.

7 à 10 % des jeunes ont choisi la solution de la **coloca-** **tion** : cette formule permet d'avoir plus d'espace tout en payant un loyer moins cher. Rendue célèbre à la télévision par le feuilleton *Friends*, la colocation est synonyme de convivialité, de partage et d'échange. Elle permet de mieux affronter les situations professionnelles, financières et sentimentales.

On trouve souvent un tableau d'affichage pour les messages chez les colocataires.

1 **Classez les petites annonces pour : acheter a) une maison b) un appartement ; louer c) une maison d) un appartement.**

Lorsqu'on loue ou achète en France, il faut savoir qu'on donne la superficie totale en mètres carrés (on calcule le prix d'achat ou du loyer au m²) et que le nombre de pièces habitables ne comprend ni la cuisine, ni la salle de bains, ni les toilettes, ni la cave.

1	**2**	**3**	**4**	**5**	**6**
21 R Vieux COLOMBIER 6ᵉ beau 5p parquet, moulures cheminée cave 3.500 € + ch	GARE DU NORD 210 R Fg St Denis 10ᵉ stand., gd 4P 110 m², bains, refait neuf 3°asc, chf imm. 1.400 € Net	Paris 11ᵉ Loft, 175m² 7p meublé ou vide 3.000 € ch comp vente possib	CROISSY SUR SEINE (78) Au milieu d'un parc, 4P 3 chbres, 119 m², 2ᵉ ét., imm. de stand., libre. 1.480 € ch. comp. vente possib	♦ MONTREUIL (93) R. Alexis Lepère Pav. 7P. 170 m² 4 chbres 2 bains Jard. de 250 m² 1.500 €/mois ♦	SULLY-MORLAND 4ᵉ Studio parfait état clair, calme 7ᵉ ét., asc., cave 96.000 €

a) _____   b) _____

c) _____   d) _____

2 **Quelles indications sont données dans ces annonces ? Sont-elles les mêmes que chez vous ?**

_____

_____

_____

3 **À partir de ces indications, quelles représentations vous faites-vous du style d'appartement ou de maison des Français ?**

_____

_____

_____

_____

4 **Voici une liste de critères pour évaluer le milieu urbain : qualité de l'air ; espaces verts ; transports en commun ; pistes cyclables ; voies piétonnes ; tri sélectif des déchets.**
Selon un classement établi d'après ces critères en 2001, les meilleures villes étaient Angers, Caen, Grenoble, Limoges, Rennes et Strasbourg.
Quels sont pour vous les critères de la qualité de vie dans une ville ?
Comparez avec ceux retenus en France.

_____

_____

_____

_____

5 **Pensez-vous qu'il soit préférable pour les jeunes de vivre chez leurs parents ou plutôt de louer un appartement ou une maison avec des amis ? Dites pourquoi.**

L'ESPACE DE LA MAISON

Les Français consacrent à l'aménagement de leur logement près de 30 % de leur budget : c'est leur dépense principale.

80 % des appartements disposent maintenant de tout le confort. C'est le nombre de pièces disponibles qui fait la différence : quatre pièces et 105 m^2 pour ceux qui habitent dans une maison, trois pièces et 66 m^2 pour ceux qui logent dans un appartement.

Dans l'ensemble, tout le monde ou presque (94 %) est satisfait de son logement, synonyme de convivialité, de sécurité et de repos. Pourtant, l'aménagement change ; il doit répondre à de nouvelles exigences : des exigences de loisirs (magnétoscope, console de jeux, DVD, télévision) ; des exigences professionnelles (ordinateur) ; des exigences individuelles (soins du corps).

Le salon reste l'espace principal où l'on se retrouve, où l'on discute, où l'on reçoit, où l'on se distrait.

La partie destinée au repas est essentiellement fonctionnelle : coin-repas dans la pièce principale ou table-bar, façon cuisine américaine. La cuisine, après avoir été un espace réduit où se préparaient les repas, s'agrandit et redevient un lieu partagé.

Le coin-bureau devient indispensable pour toutes les activités liées à l'ordinateur, à la gestion, au travail et à la communication à domicile : c'est vrai pour les cadres et pour les professions intellectuelles ou libérales.

■ Locataires ou propriétaires

- 54 % des ménages sont propriétaires de leur logement.
- 38 % sont locataires dont 15 % en HLM, et 20 % dans le secteur locatif libre.
- 6 % sont logés gratuitement.
- 2 % habitent dans des appartements meublés.

Source : INSEE

La maison est le sujet de revues spécialisées : son aménagement est la principale dépense des Français.

1 Voici une liste de critères selon lesquels on peut évaluer un logement : la situation géographique ; la taille du logement ; le type de construction ; l'étage ; le confort ; l'environnement ; l'équipement collectif (parking, interphone ou digicode).
Quels sont, selon vous, les critères les plus importants ? Pourquoi ?

_____

_____

_____

_____

_____

2 Dans une petite annonce, des mots peuvent avoir plusieurs sens.
Quand vous lisez les mots suivants en italique, à quoi pensez-vous ?

1. « Résidence standing, 5 pièces à *rénover* » : _____

_____

2. « Immeuble, centre-ville, 3 pièces avec balcon ; *charme* » : _____

_____

3. « Résidence années 30, 3 pièces avec balcon ; *beaux volumes* » : _____

_____

4. « Résidence pierre de taille, 2 pièces, 5e étage, *lumineux* » : _____

_____

5. « Proche école et commerces, 4 pièces, résidence début de siècle ; *calme* » : _____

_____

3 Acheter ou louer ? L'achat ou la location ? Être propriétaire ou locataire ?
Discutez le pour et le contre.

_____

_____

_____

_____

_____

_____

LES ÉQUIPEMENTS

L'équipement représente 8 % de l'ensemble des dépenses de logement. Il comprend : **les meubles, l'électroménager**, c'est-à-dire l'ensemble des appareils utilisés dans la cuisine, et **le matériel audiovisuel**.

Le mobilier change. Il se fait léger, fonctionnel, mobile pour une époque où les changements de situation individuelle et professionnelle sont fréquents : tables pliantes, tréteaux, meubles sur roulettes, lampes baladeuses, guirlandes lumineuses, coussins servant de canapé témoignent d'une vie en mouvement.

Le dépareillé s'impose ; on le préfère aux ensembles composés de manière homogène : on mélange les styles, le moderne et l'ancien, le neuf et la récupération (le mobilier ou objets que l'on détourne de leur usage initial), et on se laisse aller aux influences ethniques (indienne, maghrébine, japonaise, balinaise, africaine) que l'on retrouve dans les tissus d'ameublement, le petit mobilier, l'éclairage, les objets décoratifs, les ustensiles de cuisine. C'est ainsi que la couette nordique, le futon japonais ont sensiblement modifié les habitudes de couchage des Français qui cependant restent très attachés à ce vestige de l'Antiquité, cet oreiller de forme allongée et cylindrique, leur polochon !

■ Taux d'équipement des ménages

- réfrigérateur : 99 %
- téléviseur : 96 % (dont 45 % plusieurs postes)
- lave-linge : 95 %
- congélateur : 52 %
- lave-vaisselle : 42 %

mais aussi...
- fer à repasser : 98 %
- aspirateur : 97 %
- sèche-cheveux : 83 %
- cafetière électrique : 79 %
- grille-pain : 67 %
- four à micro-ondes : 52 %
- friteuse électrique : 35 %

Une cuisinière équipée d'un four et d'un lave-vaisselle.

1 Parmi les équipements ménagers cités, quels sont ceux qui, pour vous, sont les plus indispensables ? Pourquoi ?

_____

_____

2 Comparez le niveau de dépense pour l'équipement du logement avec celui de votre pays.

_____

_____

3 Observez, dans l'encadré ci-contre, les pourcentages d'équipement. Caractérisez-les. Qu'est-ce qu'ils révèlent des éléments les plus importants du « chez-soi » ?

_____

_____

_____

4 Quels sont les adjectifs utilisés pour caractériser le mobilier ? Qu'est-ce qu'ils révèlent du comportement actuel des Français ?

_____

_____

_____

5 Comment expliquez-vous les influences ethniques que l'on retrouve dans la décoration du logement ?

_____

_____

_____

6 Vous aimez acheter des objets ou des meubles anciens. Vous allez au marché aux puces. Quels objets aimeriez-vous trouver ou rapporter pour votre appartement ou votre maison ?

_____

_____

_____

_____

À TABLE

15 millions de Français dînent comme ce jeune couple en regardant le journal télévisé de 20 heures.

HABITUDES

Moins d'argent, moins de temps, le rapport que les Français entretiennent avec la table a profondément changé. En effet, l'alimentation ne représente plus aujourd'hui que 18 % de leurs dépenses contre 35 % au début des années 1960. Par ailleurs, fini le temps où, selon l'expression populaire, on passait deux heures à table. Pas plus d'une demi-heure pour le déjeuner et le dîner (si l'on ne reçoit pas) et un bon quart d'heure pour le petit déjeuner.

Au petit déjeuner, c'est café noir, café au lait ou chocolat, plus rarement du thé ; beurre et confiture accompagnent baguette, biscottes ou croissants ; à côté de ces ingrédients traditionnels, quelques nouveautés au petit déjeuner : les yaourts, les flocons de céréales, les jus de fruits.

À midi, le Français des grandes villes déjeune souvent à l'extérieur de chez lui, à la cantine, au restaurant ou dans un self-service : une entrée, un plat, du fromage ou un fruit, ou simplement un plat du jour et un café, c'est chacun selon sa faim. En revanche, en province ou à la campagne, les Français rentrent majoritairement chez eux pour le déjeuner.

Le soir, la France se met à table devant la télévision : elle dîne et s'informe en même temps. C'est le repas le plus copieux où tout le monde se retrouve.

Ce rituel quotidien est aujourd'hui souvent perturbé : les croissanteries, viennoiseries, baguetteries, sandwicheries et autres fast-foods sont en forte progression. Ils ont adopté les méthodes de distribution anglo-saxonnes au goût français. Ils témoignent d'une grande **diversification** et **individualisation des pratiques alimentaires** : c'est chacun selon ses envies et à l'heure qui lui convient.

Les Français retrouvent leurs traditions pour les repas de fêtes. Un repas de fête se compose de cinq plats : une entrée ou hors-d'œuvre, un plat principal (viande, volaille, poisson) accompagné de légumes, une salade, du fromage et un dessert.

> ■ **Habitudes**
>
> Au petit déjeuner, 35 % des Français boivent du café noir, 23 % y ajoutent du lait, 15 % préfèrent le thé. 6 % ne prennent pas de petit déjeuner.
> 73 % déjeunent chez eux en semaine, 80 % le week-end. 11 % des femmes boivent du vin contre 28 % des hommes.

1   Caractérisez les différents types de changements dans les habitudes alimentaires des Français.

• Nombre de repas : _____

• Lieu des repas : _____

• Contenu des repas : _____

2   Relevez les signes qui témoignent d'une individualisation du comportement des Français en ce qui concerne les repas.

_____

_____

_____

_____

3   Observez la photo. Décrivez l'ambiance, l'organisation de la table ; qu'est-ce qui vous paraît différent de vos propres habitudes ?

_____

_____

_____

_____

4   De tous les changements concernant les habitudes alimentaires des Français, quel est celui qui vous frappe le plus ? Pourquoi ?

_____

_____

_____

_____

5   La restauration rapide a-t-elle plus ou moins d'avantages que les repas traditionnels ? Que mange-t-on ? Où ? Avec qui ? À quelle heure ? Selon quel rituel ?

_____

_____

_____

_____

TENDANCES

Les repas quotidiens prennent de moins en moins de temps et sont adaptés aux envies des uns et des autres. Les **repas de fête** restent un moment où l'on célèbre le plaisir d'être ensemble et où l'on prend son temps. Ce sont aussi des moments gastronomiques où s'illustre le savoir-faire culinaire de chacun. Si les **repas familiaux** conservent la tradition, les **repas entre amis** peuvent être plus thématiques : c'est la convivialité autour d'un **plat unique** (fondue, raclette, cassoulet, choucroute, paella, couscous...).

Jeunes et adultes ne mangent plus la même chose : steak-frites, couscous et hamburgers sont les plats préférés des jeunes qu'ils accompagnent, pour 25 % d'entre eux, de Coca-Cola ; les adultes, eux, continuent à préférer pot-au-feu, gigot d'agneau et blanquette de veau.

En faisant une petite visite dans un super-marché, on découvre à quel point les Français se sont ouverts aux **cuisines du monde** : italienne, espagnole, chinoise, indienne, thaï, maghrébine, moyen-orientale, tropicale... Des rayons spécialisés permettent de s'initier ou de goûter à toutes ces cuisines.

■ Ils ont mangé...

Dans les assiettes des Français, on trouve plus de légumes frais et moins de pommes de terre, plus de volaille et de poisson et moins de viande de bœuf qu'autrefois. Les Français sucrent deux fois moins qu'il y a vingt-cinq ans, ont divisé leur consommation de vin ordinaire par deux et triplé leur consommation d'eau minérale (110 litres par an et par personne). Ils ont triplé aussi leur consommation de vin de qualité.

L'attention au corps et à la forme, le souci de manger sain et équilibré ont modifié sensiblement les habitudes alimentaires des Français. Le succès le plus spectaculaire est celui des **produits « bio »** : fruits, légumes, produits laitiers, viandes. Ce succès s'explique aussi par les difficultés que connaît l'industrie alimentaire : **crise de « la vache folle »** et méfiance à l'égard des **produits transgéniques** (maïs, soja). Les Français redécouvrent à cette occasion leur lien passionnel avec la terre. L'agriculture « bio » progresse de 25 % chaque année depuis 1994 et pourrait atteindre 5 % du budget agroalimentaire en 2005.

Une ouverture à toutes les cuisines du monde : on trouve ces produits dans les supermarchés.

Que préfèrent-ils ?

Les 19-29 ans :
1. Les spécialités italiennes (spaghettis, pizza)
2. Le steak-frites
3. Le couscous
4. Les desserts au chocolat

Les 30-39 ans :
1. Les plats régionaux (le cassoulet, la choucroute)
2. Les produits de la mer (poisson frais ou fumé)
3. Les spécialités au chocolat

Les 40-49 ans :
1. Le foie gras, le magret de canard
2. Les fromages
3. Les gâteaux à la crème
4. Les viandes en sauce

Les 50 ans et plus :
1. Le rôti
2. Le pot-au-feu
3. Les légumes nature (les hors-d'œuvre variés, la salade)
4. Les fruits nature

1 D'après le sondage, distinguez les différents types de repas. Caractérisez-les.

_____

_____

_____

2 D'après le sondage, caractérisez les différences concernant les préférences des Français selon les générations. Des différences similaires existent-elles dans votre pays ?

_____

_____

_____

3 Comment expliquez-vous cette ouverture aux cuisines du monde ? Quels types de liens la France entretient-elle ou a-t-elle entretenus avec les pays dont ces cuisines sont originaires ?

_____

_____

4 Deuxième puissance agricole mondiale, méfiance à l'égard de l'industrie alimentaire, succès des produits « bio » : qu'est-ce que ces tendances contradictoires nous apprennent sur les rapports que les Français ont avec leurs traditions rurales ?

_____

_____

5 Les consommateurs de votre pays s'inquiètent-ils des risques alimentaires ? Veulent-ils connaître l'origine et la qualité de ce qu'ils mangent ? Manger sain et bien, est-ce possible aujourd'hui ? Justifiez votre réponse.

_____

_____

_____

_____

CONFLITS

La cuisine, le goût, la gastronomie sont une source infinie de conflits comme les Français les aiment, capables de partager la France en deux.

Il y a d'abord l'**opposition culinaire traditionnelle Nord-Sud**. Au Nord, la cuisine au beurre, la préférence pour la bière, la prédominance du cuit, du farineux ; au Sud, la cuisine à l'huile, la préférence pour le vin, la prédominance du cru, des fruits et des légumes verts.

Au Nord, la cuisine au beurre et, au Sud, la cuisine à l'huile.

On doit aux grands chefs un autre conflit majeur, celui qui oppose **cuisine traditionnelle et nouvelle cuisine**. Qu'est-ce qu'une nouvelle cuisine qui a peur des sauces riches, des plats longuement et lentement cuits, des desserts pleins de crème et qui préfère les sauces courtes, les cuissons rapides, le mélange des saveurs, le respect des saisons ?

Côté goût, ce n'est pas mieux. La France se partage entre ceux qui aiment la viande saignante (encore rouge) et ceux qui la savourent **à point** (plutôt cuite) ; de même, les légumes verts se mangent « al dente » ou bien cuits.

Sucré/salé, il y a ceux qui aiment bien les mélanges, les raisins secs dans la salade, le miel avec l'agneau, les cerises avec le canard, et ceux qui jugent la frontière entre sucré et salé infranchissable.

Quant à la querelle **vin blanc/vin rouge**, elle a vu le poisson s'accompagner de vin rouge et le vin blanc se boire avec du fromage... Il n'y a finalement que le champagne pour réconcilier tout le monde et, bien sûr, la potion magique d'Astérix, cette boisson qui assure la victoire des Gaulois sur les envahisseurs romains !

Aujourd'hui, un nouveau combat est engagé, celui de la **bataille du goût**. José Bové, leader militant de la Confédération paysanne française, mène depuis 1999 une campagne devenue très populaire contre la mondialisation et les multinationales agroalimentaires responsables d'une nourriture sans origine et sans goût. Contre la « mal bouffe » (le mal manger) symbolisée selon lui par les fast-foods, il défend « la bonne bouffe (cuisine) française », caractérisée par la qualité des produits et les saveurs authentiques.

■ La carte des vins

La mention « Appellation d'origine contrôlée » (AOC) sur l'étiquette garantit l'origine du vin.

Différentes régions sont célèbres par leur vin : Les meilleurs vins rouges sont les vins de Bourgogne et de Bordeaux. Le beaujolais est très connu grâce à une campagne publicitaire mondiale annonçant chaque année en novembre : « Le beaujolais nouveau est arrivé ! » Les vins rouges de Loire, les côtes-du-rhône, les vins du Languedoc connaissent un grand succès auprès du consommateur.

Les vins blancs viennent d'Alsace, de la vallée de la Loire ainsi que de Bourgogne et de Bordeaux.

Les vignobles autour de Reims produisent le célèbre champagne.

Spécialités régionales et étrangères

Les différentes régions françaises ont des spécialités culinaires résultant de leur histoire et des produits spécifiques à la région. En voici des exemples.

La Bretagne : les produits de la mer, les crêpes et le cidre.

Le Sud-Ouest : le cassoulet, le foie gras, le canard.

Le Midi : la ratatouille, la bouillabaisse, la salade niçoise.

Les Alpes : la fondue et la raclette au fromage.

Le Centre-Est : le bœuf bourguignon, les escargots, le poulet de Bresse.

L'Alsace : la choucroute (et la bière)

Le couscous est un plat provenant de l'**Afrique du Nord** et la paella de l'**Espagne**.

1 Spécialités régionales et étrangères : d'après l'encadré ci-contre, établissez un classement régional par type de produits.

Si je veux manger du poisson, je vais _____

_____

_____

_____

_____

_____

_____

_____

2 Vous invitez des amis à un dîner régional. Préparez le menu en vous inspirant des spécialités présentées dans l'encadré ci-dessus et justifiez vos choix.

_____

_____

_____

3 Faites le tableau des cinq conflits gastronomiques qui séparent les Français :

• Nord/Sud : _____

• Nouvelle cuisine/cuisine traditionnelle : _____

• Cru/cuit : _____

• Sucré/salé : _____

• Vin blanc/vin rouge : _____

4 À votre avis, quel rôle joue le vin dans l'image internationale de la France ?

_____

_____

5 Comment caractériseriez-vous ce que les Français appellent :

• la « mal bouffe » : _____

• la « bonne bouffe » : _____

26

CONSOMMER

L'ARGENT

L'argent, on n'en parle pas ! D'ailleurs, la littérature (Balzac *Eugénie Grandet*, Zola *L'Argent*) le méprise ou en décrit les ravages (avarice, destruction, obsession) et la sagesse populaire proclame que « l'argent ne fait pas le bonheur »... « mais il y contribue », ajoutent les petits malins. Et c'est eux qui ont fini par avoir raison.

Vedettes de la télévision, sportifs, top models, chefs d'entreprise n'hésitent plus à dire **combien ils gagnent** ; tous les Français savent que Mme Bettencourt (héritière de L'Oréal) est la première fortune de France ; et le président de la République est obligé de communiquer l'état de son patrimoine au moment où il entre en fonction.

Longtemps discrets sur leurs salaires ou sur leurs revenus, les Français hésitent moins à en parler. Les magazines comme *L'Express, Le Point* ou *Le Nouvel Observateur* publient des numéros spéciaux ou des dossiers sur ce que gagnent les Français. Les magazines spécialisés se multiplient (*L'Expansion, Capital*…).

Aujourd'hui, le **salaire moyen** est de 2 050 € par mois mais la moitié des salariés gagnent moins de 1 300 € par mois. Les cadres gagnent environ trois fois plus que les ouvriers ou employés et les femmes 20 % de moins que les hommes à travail égal. Les salariés du secteur public gagnent en moyenne légèrement plus que ceux du privé : 2 200 € par mois en moyenne. Environ 2 millions de personnes touchent le **SMIC** (salaire minimum interprofessionnel de croissance). Depuis 1988, les plus

*L'argent n'est plus un sujet tabou :
la presse parle maintenant des salaires des patrons.*

défavorisés reçoivent le RMI (revenu minimum d'insertion).

Enfin, les retraités ont aujourd'hui des revenus supérieurs à ceux des actifs. Ils ont beaucoup contribué à la consommation et à la solidarité familiale pendant toutes les années de crise économique.

■ Revenus et impôts

• Le **revenu moyen** des ménages avec deux enfants est de 2 500 €.
• Les opticiens, les cafés-tabacs, les boulangeries-pâtisseries sont les commerces qui ont les plus forts revenus mensuels.
• 800 000 personnes ont un revenu supérieur à 76 200 € par an.
• Le taux moyen des **prélèvements fiscaux** (impôts sur le revenu) est de 45 % et les **prélèvements sociaux** (Sécurité sociale, retraite, contribution sociale généralisée) représentent 19,5 % du salaire.
• Les **impôts indirects** (TVA – taxe sur la valeur ajoutée payable sur tous les achats –, taxes sur les alcools et les tabacs) sont les plus élevés d'Europe mais un Français sur deux ne paie pas d'**impôt sur le revenu**.

1 Voici un certain nombre de proverbes, expressions ou citations ayant un rapport à l'argent. À quoi l'argent est-il associé dans chaque cas ?

1. « L'argent ne fait pas le bonheur mais il y contribue. » _____

2. « Quand on aime, on ne compte pas. » _____

3. « L'argent n'a pas d'odeur. » _____

4. « Plaie d'argent n'est pas mortelle. » _____

5. « L'argent c'est comme les femmes, pour le garder il faut s'en occuper. » _____

6. « L'argent est un bon serviteur mais un mauvais maître. » _____

Qu'est-ce que ces proverbes, expressions et citations révèlent du rapport des Français à l'argent ?

_____

_____

2 Regardez la photo. Relevez les titres de couverture des magazines. De qui parlent-ils ? Pourquoi ?

_____

_____

_____

3 Observez l'encadré sur l'augmentation des revenus. Essayez d'expliquer les inégalités entre les différents secteurs d'activité.

_____

_____

_____

PATRIMOINE DES COMMERÇANTS OU ARTISANS			
Augmentation des revenus d'un commerçant ou artisan de sa première à sa dernière année d'activité.			
Parfumerie, loisirs	270 %	Réparation auto	90 %
Hôtels, cafés, restaurants	120 %	Alimentation fine	50 %
Pharmacie	120 %	Bâtiment	50 %
Transports routiers	100 %	Taxis	40 %
		Alimentation générale	40 %

(*Source* : INSEE)

4 Si vous rassemblez les informations données (p. 166) sur les revenus moyens, le montant des prélèvements fiscaux et sociaux et le nombre de personnes qui ne paient pas l'impôt, comment caractériseriez-vous la société française ? Comparez la situation avec votre propre pays.

_____

_____

5 Trouvez les raisons de l'enrichissement des générations les plus âgées et les conséquences de leur enrichissement par rapport aux jeunes générations.

_____

_____

DÉPENSER

15 200 €, c'est ce que dépense en moyenne chaque habitant pour sa consommation annuelle. Une consommation qui a beaucoup évolué. Le consommateur français réfléchit avant d'acheter, s'informe, compare, exige des services en plus mais ne résiste pas toujours à se faire plaisir. Ces quinze dernières années, il a découvert les magasins d'usine, de discount et d'occasion.

C'est le **logement** qui est aujourd'hui la première source de dépenses ; plus du quart du revenu lui est consacré : on l'équipe de nouveaux appareils liés au travail (ordinateur), au confort (climatiseur) ou à la culture (DVD).

L'automobile et les **transports** sont le deuxième poste de dépenses, juste devant l'**alimentation** (18 %) et les **loisirs** et la **culture** (15 %) : le succès des téléphones portables, DVD, caméscopes, téléviseurs 16/9e, consoles vidéo explique la croissance de ce domaine mais aussi les sorties au cinéma, au spectacle, les voyages touristiques.

Bien que la France représente le pays de l'élégance, les Français dépensent **de moins en moins pour s'habiller**, peut-être aussi parce qu'ils profitent des périodes de **soldes** (en janvier et en juillet, pendant 5 à 6 semaines) et des magasins de la grande distribution. Soucieux de leur forme, les Français consacrent 10 % de leur budget aux **dépenses de santé** et à tout ce qui leur permet d'entretenir leur forme et leur apparence...

De **nouvelles formes de consommation apparaissent** ; elles reflètent un consommateur de plus en plus compétent, de mieux en mieux informé et toujours plus exigeant. Il fait son propre marketing, il s'informe auprès de ses amis.

Par ailleurs, les Français apprécient les formes de vente hors des circuits traditionnels : les maxidiscounters, les magasins d'usine, les systèmes de troc (échanges de produits ou de services) représentent environ un milliard d'euros par an. Certains groupes de magasins rachètent aux consommateurs leurs biens d'équipement usagés et les revendent sur le marché de l'occasion. Les dépôts-ventes, vide-greniers, braderies connaissent ainsi un succès spectaculaire de même que les soldes et les promotions.

■ **Petites mythologies**

À retenir, la folie du portable (téléphone portable), l'attente des soldes, la montée d'Internet, le succès des salles de sport, le développement des soins esthétiques pour les hommes, etc.

Les achats de CD-Rom et de DVD-Rom font partie des dépenses de loisirs et de culture.

1 Budget des ménages : classez par ordre décroissant les dépenses des Français. Quelles remarques vous inspire ce classement ? Comparez les tendances de la consommation de vos compatriotes avec celles des Français.

_____

_____

_____

_____

_____

_____

2 Comparez ce classement avec vos propres dépenses. Attachez-vous beaucoup d'importance aux dépenses pour les loisirs et la culture ? Dites pourquoi.

_____

_____

_____

_____

3 Faites la liste des nouvelles formes de vente. Qu'est-ce qu'elles révèlent de l'attitude des consommateurs français ?

_____

_____

_____

_____

4 Relevez dans un magazine de votre pays une publicité pour un produit français.

1. À quelle image du produit a-t-on affaire ? _____

_____

2. A-t-elle un lien explicite avec la France ? _____

_____

3. Quel est le message principal ? _____

_____

4. Est-il adapté à votre pays ? _____

_____

5. Y a-t-il un slogan publicitaire ? _____

_____

6. Dans quelle langue ? _____

_____

Les hypermarchés se spécialisent.

LIEUX DE CONSOMMATION

À la périphérie des villes, on aperçoit leurs grandes enseignes : Carrefour, Auchan, Leclerc, etc. Les **hypermarchés** sont les signes du changement de mode de vie des Français. Toujours plus grands, ils rassemblent une très grande quantité et une très grande diversité de produits et de services. Avec l'objectif que le consommateur y trouve tout : l'alimentation, l'habillement, le confort de la maison, les loisirs.

Ils font souvent partie de grands centres commerciaux avec galeries marchandes, magasins spécialisés et multiplexes pour le cinéma.

Les **centres-villes**, souvent réservés aux piétons, sont des lieux où l'on aime aller flâner et se retrouver. Cafés, brasseries, boutiques de mode, magasins spécialisés, boulangeries-pâtisseries, salles de spectacles attirent de nombreux passants.

Les **marchés** en plein air sont très appréciés : produits frais, agriculture biologique, contacts avec le monde agricole en province, couleurs, odeurs et saveurs expliquent ce succès.

Un nouveau type de grands magasins attire un public nombreux : les **magasins thématiques** (type FNAC ou Virgin) dédiés à la culture, aux loisirs, au matériel électronique, à l'électroménager et à l'audio-visuel, à l'habillement, au bricolage, au jardinage, à l'aménagement intérieur de la maison...

Les **franchises** aussi sont de plus en plus nombreuses : on retrouve les mêmes boutiques (avec la même marque) dans toutes les villes de France.

À côté de cela, les **grands magasins** historiques (Printemps, Galeries Lafayette, Le Bon Marché) résistent bien et se spécialisent dans la mode, les grandes marques, le luxe et la parfumerie.

Enfin, on voit renaître un **petit commerce de proximité** (magasins d'alimentation) ouvert tard le soir et le dimanche, tenu bien souvent par des Maghrébins (Tunisiens, Marocains et Algériens).

■ Ouvert/fermé

Les petits magasins ouvrent traditionnellement de 9 heures à midi et de 14 à 19 heures. Les cafés, brasseries, maisons de la presse, bureaux de tabac sont ouverts toute la journée et tous les jours. Les grands magasins et les hypermarchés sont souvent ouverts sans interruption jusqu'à 20 ou 22 heures, et fermés le dimanche.

Dans le Sud, la chaleur rend la sieste obligatoire, ce qui entraîne la fermeture des boutiques l'après-midi, bien souvent jusqu'à 16 heures.

Attention ! le lundi, la plupart des petits commerces sont fermés.

1 Quelles sont les différences entre les commerces de la périphérie et ceux du centre-ville ?

_____

_____

2 Hypermarchés, grands magasins, magasins thématiques : caractérisez-les d'après les types de produits, les lieux d'installation, les publics auxquels ils s'adressent.

_____

_____

_____

3 Faisons les courses : qui va acheter quoi et où ?

Personnes	Produits	Lieux
parents de deux enfants •	• alimentation •	• hypermarché
un(e) célibataire •	• habillement •	• grand magasin
une personne au chômage •	• meubles •	• petit commerce
un(e) étudiant(e) •	• matériel électronique •	• marché en plein air
	• disques •	• magasin thématique

4 Faites correspondre les enseignes suivantes au type de commerce indiqué.

CARREFOUR •
JARDILAND •
CASTORAMA •
OBI •
DÉCATHLON •
HABITAT •
FNAC •
PROMOD •
NEWMAN •
BRICORAMA •
SEPHORA •
GO SPORT •

• le jardin
• la décoration
• le vêtement masculin
• l'hypermarché
• le parfum
• la maison
• le bricolage
• le sport
• le vêtement féminin
• les produits culturels

5 La vente par correspondance occupe une place importante dans la vente de produits à des prix compétitifs. Les catalogues de _La Redoute_ et des _Trois Suisses_, sociétés les plus connues dans ce domaine, sont volumineux et très populaires. Comparez les sites de _La Redoute_ (www.laredoute.fr) et des _Trois Suisses_ (www.3suisses.fr) : publics visés ; type de produits ; type de services.

_____

_____

_____

27

CHEZ LE MÉDECIN

SE SOIGNER À TOUT PRIX

« Chère Sécu… », cette expression affectueuse a un double sens : elle indique l'attachement des Français à leur système de **protection sociale** et en même temps le coût élevé de cet attachement.

Il est vrai que les dépenses de santé des Français sont parmi les plus élevées du monde.

Pour garantir ce niveau de protection, les Français acceptent qu'on retienne 19,5 % de charges sociales sur leurs salaires. Et en plus, ils sont 84 % à souscrire une **assurance complémentaire** (mutuelle).

Il faut dire qu'ils sont grands consommateurs de **soins médicaux** : le budget santé représente 10 % du budget des familles ;

En France, ce sont les pharmaciens qui ont le monopole de la vente de médicaments.

■ Sécurité sociale

La Sécurité sociale (la « Sécu ») a été créée en 1945. Elle couvre les dépenses de santé en cas de maladie, de maternité, d'hospitalisation, d'invalidité ou d'accident du travail. Chez les médecins conventionnés par la « Sécu », les tarifs sont moins élevés. Les frais de traitement dans les hôpitaux publics sont moins élevés que dans les cliniques privées. Le Parlement vote le financement de la Sécurité sociale. Celle-ci rembourse 70 % des soins médicaux… Chaque assuré social possède une carte Vitale (petite carte verte au logo jaune) qui permet au médecin de télétransmettre aux caisses de « Sécu » les feuilles de soins électroniques de leurs patients.

ainsi, chaque Français dépense en moyenne environ 1 800 € pour sa santé. Ils adorent aller chez le **médecin généraliste** ou chez le **spécialiste** ; ils y vont huit fois par an en moyenne, et ce sont les femmes et les seniors qui consultent le plus.

Si les Français entretiennent encore une relation privilégiée avec leur médecin, leur attitude cependant change. Ils n'hésitent pas à consulter plusieurs médecins pour s'assurer du diagnostic, ils exigent d'être informés plus précisément sur leur état de santé et s'accordent quelques libertés avec les traitements qu'on leur prescrit.

Pourtant, ils sont **champions du monde… pour la consommation de médicaments**. Dépression, problèmes de sommeil, état nerveux, angoisse, maladies du cœur sont autant d'occasions de consommer des médicaments : trois fois plus que leurs voisins allemand ou britannique, 33 boîtes par an !

ACTIVITÉS

1 À partir de la description ci-contre, essayez de définir les rapports que les Français entretiennent avec la médecine.

_____

_____

2 Lisez les informations de la page ci-contre. Comment caractériseriez-vous le système français de protection sociale : système libéral où chacun est libre de choisir ? système étatique où tout le monde est solidaire ? Dites pourquoi.

_____

_____

3 En ce qui concerne la santé, chaque pays a ses priorités et ses habitudes. En France, « avoir mal au foie » ou « avoir le foie fatigué » est une maladie nationale. Les Français consomment beaucoup d'antibiotiques… et de suppositoires. Les médecins français utilisent souvent la radiothérapie et la chimiothérapie pour traiter les cancers.
Comparez ces particularités avec celles de votre pays.

_____

_____

_____

4 Beaucoup de Français se plaignent de maladies dues à la pollution de l'air :
ils sont 4 % à la campagne, 6 % dans les petites villes, 7 % dans les villes moyennes, 10 % dans les grandes villes, 32 % à Paris. Comment pourrait-on expliquer ces pourcentages ?

_____

_____

_____

5 La santé pour tous : la « Sécu » vise à assurer pour toute la population un égal accès aux soins médicaux. Est-ce souhaitable ? Justifiez votre réponse.

_____

_____

_____

SE SOIGNER AUTREMENT

De nombreux Français ont recours aux **médecines alternatives, parallèles** ou **douces**. Ils se méfient de la médecine de spécialiste ; elle est trop concentrée sur la partie du corps qui intéresse le spécialiste, trop mécaniste.

Ils sont aujourd'hui 60 % à avoir recouru à des médecines douces. 80 % ont essayé l'**homéopathie**, 40 % l'**acupuncture**, 25 % l'**ostéopathie**.

Ces médecines représentent une alternative à la surconsommation de médicaments ; elles témoignent aussi d'un intérêt toujours plus grand pour les sagesses orientales qui les inspirent : ces doctrines ne séparent pas le corps et l'esprit et proposent une **réponse médicale globale**. Il y a aujourd'hui en France 20 000 homéopathes et 15 000 acupuncteurs.

Le recours aux psychothérapies, à la psychanalyse, qui proposent des thérapies très variées, fait partie de ce désir de se soigner autrement.

Par ailleurs, de plus en plus souvent, les Français décident de se soigner par eux-mêmes, sans consulter de médecin. Pour tous les maux qui leur sont familiers, ils savent quels médicaments utiliser. Ils redécouvrent aussi les vertus médicinales des plantes avec la phytothérapie.

L'**automédication** représente aujourd'hui 20 % du total des médicaments achetés. Les Français souhaitent pouvoir avoir accès à un plus grand nombre de médica-

Médecines douces : les Français croient au pouvoir thérapeutique des infusions comme la tisane.

ments sans ordonnance. Et en plus, ils ne demandent pas leurs remboursements : une bonne affaire pour la Sécurité sociale !

Enfin, la médecine en ligne commence à se développer ; les sites de consultation se multiplient.

■ De quoi souffrent-t-ils ?

Près de la moitié des Français souffrent de troubles de la vision.

Ils sont 6 millions à avoir des problèmes d'audition.

Plus de la moitié d'entre eux déclarent souffrir de mal de dos ; le kinésithérapeute (dites « le kiné ») est devenu plus important que « le psy » (le psychiatre).

Quant aux petits maux dominants, ce sont la nervosité, les maux de tête, l'insomnie et le rhume en toute saison !

■ Thermalisme

« Faire sa cure » ou « aller prendre les eaux »… la cure thermale a longtemps représenté une manière de se soigner autrement. Les villes thermales se sont beaucoup développées et ont connu un succès considérable depuis le milieu du XIXᵉ siècle jusqu'aux années 1950. Aujourd'hui, on assiste à un déclin du thermalisme. Mais certaines stations sont restées célèbres ou connaissent encore une intense activité : Dax dans le Sud-Ouest, Vichy dans le Centre, Évian dans les Alpes, Divonne-les-Bains dans le Jura.

Ces soins réservés autrefois à des privilégiés sont aujourd'hui remboursés par la Sécurité sociale.

ACTIVITÉS

1 Pour quelles raisons les Français se tournent-ils vers les médecines parallèles ?

_____

_____

_____

_____

2 En quoi les médecines douces révèlent-elles un intérêt pour d'autres philosophies de la personne ?

_____

_____

_____

_____

3 Pourquoi l'automédication est-elle en augmentation ?

_____

_____

_____

_____

4 Venue des États-Unis, la mode du fitness et de la musculation comme signe de bonne santé est arrivée en France dans les années 1980 sous la forme de l'aérobic. Entretenir sa forme est devenu aujourd'hui une préoccupation de 22 % des Français. Parallèlement, 50 % des Français déclarent aujourd'hui pratiquer un sport contre 38 % en 1980. Comment interprétez-vous ces changements ?

_____

_____

_____

_____

5 « Un esprit sain dans un corps sain. » Commentez cette pensée.

_____

_____

_____

_____

28

CROIRE

LES RELIGIONS DU « LIVRE »

La France est un pays laïc depuis la loi de séparation de l'Église et de l'État (1905). Depuis cette loi de 1905, on ne tient pas compte des religions dans l'administration de la République. Le principe de laïcité, c'est-à-dire la neutralité religieuse de l'État, a profondément marqué la vie française.

La France est majoritairement **chrétienne** : 75 % des Français se disent catholiques et 3 % protestants. Le **catholicisme** des Français est un catholicisme culturel et patrimonial. « La France, fille aînée de l'Église [de Rome] » : cette expression courante rappelle que la France a été le premier pays à devenir officiellement catholique avec le baptême en 496 du roi Clovis. Cet héritage est visible dans les églises et les cathédrales, et lisible dans l'histoire, l'art et la littérature.

La moitié des Français qui se marient le font encore à l'église et ils sont 60 % à faire baptiser leurs enfants. Mais la pratique religieuse ne concerne plus que 16 % des croyants. Elle passe à 20 % les jours de grande fête religieuse.

L'Église a perdu beaucoup de son influence, en particulier sur le plan des mœurs où ses recommandations sur le divorce, la pilule ou l'avortement sont apparues complètement décalées.

L'Église a cependant bien compris le besoin de spiritualité et cherche de nouvelles manières d'y répondre : les Journées mondiales de la jeunesse à Paris en 1999 en sont une illustration.

La **religion protestante** ne compte que 800 000 pratiquants. Les guerres de Religion ont profondément divisé les catholiques et les protestants (huguenots) jusqu'à la promulgation de l'édit de Nantes en 1598 par le roi Henri IV, lui-même un protestant converti au catholicisme. En 1685, la révocation de l'édit de Nantes par le roi Louis XIV a provoqué le départ de 250 000 protestants hors

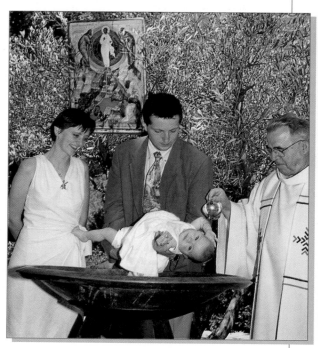

Un baptême : la religion catholique reste la première religion en France.

de France. Les valeurs des protestants sont de plus en plus présentes dans la France d'aujourd'hui : individualisme, éthique, économie de marché, rôle de l'argent, libre arbitre.

Avec 4 millions de fidèles, **l'islam** est devenu la deuxième religion de France. L'islam de France se réclame majoritairement de la tradition sunnite et défend une vision libérale de la lecture du Coran. La pratique du culte est rendue difficile par le nombre insuffisant de mosquées. Leur construction est toujours relativement mal acceptée par l'opinion publique.

La **religion juive** compte 600 000 membres, ce qui en fait, proportionnellement, la communauté juive la plus importante d'Europe.

Avec 300 centres de prière, 90 instituts de formation, le **bouddhisme** séduit de plus en plus d'adeptes. Il le doit au mode de vie, à l'approche philosophique qu'il propose et à la popularité du Dalaï Lama et de son credo non violent.

1 Pour chacune des religions, cherchez dans la liste suivante :
1. **le nom de l'officiant** : le prêtre ; l'imam ; le rabbin ; le pasteur ; le moine.
2. **le lieu du culte** : le temple ; la mosquée ; la synagogue ; l'église.
3. **l'acte religieux le plus couramment pratiqué** : la messe ; le culte ; la méditation ; la prière.

	Officiant	Lieu du culte	Acte religieux
Le catholicisme :			
Le protestantisme :			
L'islam :			
Le judaïsme :			
Le bouddhisme :			

2 La ville de Lourdes dans les Pyrénées est un lieu de pèlerinage chaque année pour plusieurs millions de pèlerins qui viennent prier autour de la grotte de sainte Bernadette (1844-1879) où serait apparue la Vierge Marie, mère du Christ.
Que savez-vous de sainte Bernadette, de sainte Thérèse de Lisieux (1873-1897) et de saint Vincent de Paul (1581-1660), les saints les plus vénérés des catholiques français ?
Aidez-vous d'une encyclopédie ou faites des recherches sur Internet.

_____

_____

_____

3 Depuis les années 1970, la passion pour les sagesses orientales n'a cessé d'augmenter.
Le bouddhisme, l'hindouisme, la méditation, le yoga, les arts martiaux japonais, coréens…, tous cherchent à diriger l'individu vers lui-même et sa réalité intérieure.
À votre avis, comment expliquer cette passion chez les Français dont la tradition intellectuelle est caractérisée par l'analyse logique et l'influence du philosophe Descartes (1596-1650) ?

_____

_____

_____

4 Peut-on parler de déclin ou de renouveau du sentiment religieux en France ? Justifiez votre réponse.

_____

_____

_____

5 Que pensez-vous de cette définition des Français : « Un peuple épris de liberté, de fraternité et d'égalité. Un peuple laïc mais respectueux des religions, et marqué par son histoire religieuse » ?

_____

_____

_____

LES SECTES

Le suicide collectif de 58 membres de la secte de l'Ordre du temple solaire, en 1994, a mis en lumière le pouvoir et l'**importance des sectes** en France.

On a dénombré 172 sectes qui accueillent 400 000 membres ; ils sont aujourd'hui deux fois plus nombreux qu'il y a dix ans. Ces sectes regroupent des personnes qui viennent de toutes les catégories sociales ; elles sont souvent en quête de spiritualité ou cherchent à rompre leur isolement social et moral. La secte la plus importante est celle des Témoins de Jéhovah avec 100 000 membres.

En 2001, le Parlement français a voté la **loi anti-sectes** autorisant la dissolution des sectes condamnées pour des atteintes aux personnes. Cette loi, « une première mondiale », vise des sectes décrites comme « poursuivant des activités ayant pour but ou pour effet de créer ou d'exploiter la dépendance physique ou psychologique de leurs adeptes ». La loi pourrait être appliquée contre l'Église de scientologie, secte dont les responsables français ont fait l'objet de condamnations pénales.

PEURS ET SUPERSTITIONS

Amour, argent, santé, travail, voilà les principales rubriques des **horoscopes** ; chaque semaine, les Français sont des millions à lire les quelques lignes que les vedettes de l'horoscope consacrent à leur signe.

Dix millions de Français vont aujourd'hui consulter **voyants** et **astrologues** qui sont deux fois plus nombreux que les prêtres. Deux styles s'affrontent : le style forain avec boule de cristal et un style plus professionnel, sobre et discret, pratiqué dans les beaux quartiers. Les clients sont sensibles à un avenir lu dans des tarots, grâce à une pratique scientifique de l'astrologie ou avec l'aide de la numérologie.

Bien souvent, les voyants ont en face d'eux des clients moins désireux de connaître le grand amour ou de faire fortune que de chercher des réponses aux questions liées au travail, à l'avenir des enfants, au chômage, à l'angoisse du quotidien, au sentiment de solitude dans les grandes villes.

On va désormais chez le voyant pour se raconter et être écouté ; on passe ici de la prédiction à la psychothérapie.

Une voyante qui lit les cartes : chaque année, dix millions de Français vont consulter voyants et astrologues.

ACTIVITÉS

1   Quelles préoccupations chez les Français révèlent l'intérêt pour les sectes ?

_____

_____

_____

_____

_____

2   La loi anti-sectes vous paraît-elle une loi justifiée ?

_____

_____

_____

_____

3   Regardez la photo. À quel comportement des Français vous fait-elle penser ?

_____

_____

_____

_____

4   Comment les pratiques des voyants et des astrologues ont-elles évolué ?

_____

_____

_____

_____

_____

5   À votre tour, faites des prédictions sur l'avenir de la France et des Français.

_____

_____

_____

_____

_____

LEXIQUE

actif, ive (n. ou adj.) : personne qui a un travail ou qui recherche un travail. La population active : tous les gens ayant ou recherchant un travail.

acupuncture (n.f.) : médecine douce d'origine chinoise, qui utilise des aiguilles de métal.

adepte (n.m. et f.) : pratiquant(e) d'une religion, participant(e).

adhérent (n.m.) : membre d'une association, d'un parti politique, d'un syndicat.

agroalimentaire (n. ou adj.) : les industries qui transforment les produits agricoles en produits alimentaires.

alimentaire (adj.) : relatif à l'alimentation (nourriture).

allocations familiales (n.f. pl.) : sommes d'argent payées aux familles par l'État.

allonger (v.) : rendre plus long.

amateur (n.m.) : **1.** Personne qui exerce une activité sans toucher de l'argent (contraire : professionnel).
2. Personne qui aime faire quelque chose (un amateur de cinéma = une personne qui aime aller au cinéma).

aménagement (n.m.) : équipement et décoration (d'une maison), rénovation.

Ancien Régime (n.m.) : période avant la Révolution française de 1789.

Antiquité (n.f.) : période jusqu'au Ve siècle après J.-C.

arbitrage (n.m.) : règlement d'un conflit par un commun accord (arbitre = personne qui agit comme juge d'un conflit, d'une épreuve sportive).

Ascension (n.f.) : jour de congé d'origine catholique.

Astérix : personnage de BD, représentant un Gaulois. Voir page 14.

atout (n.m.) : avantage.

atteinte (n.f.) **à la personne** : dommage moral.

autrement : de façon différente.

baby-boom (n.m.) : forte augmentation du nombre de naissances pendant les dix ans qui ont suivi la fin de la Seconde Guerre mondiale en 1945.

baignade (n.f.) : bain dans la mer.

baisse (n.f.) : diminution.

balade (n.f.) : promenade (*cf.* baladeur, adj. : qui se déplace).

balnéaire (adj.) : relatif aux bains de mer.

banlieue (n.f.) : environs d'une ville.

bâtisseur (n.m.) : *cf.* bâtir (construire).

beaujolais (n.m.) : vin rouge léger provenant du sud de la Bourgogne.

beffroi (n.m.) : tour, clocher.

« bio » (adj.) : biologique (« bio » désigne des produits de l'agriculture biologique).

biochimie (n.f.) : la chimie qui étudie les êtres vivants.

black, blanc, beur : expression qui imite « bleu, blanc, rouge » (le drapeau français) pour décrire la France multi-ethnique composée de Noirs africains, de Français de souche et de Beurs (enfants des immigrés originaires d'Afrique du Nord).

Bleus (les) (n.m. plur.) : c'est ainsi qu'on appelle l'équipe nationale de football, d'après la couleur du maillot porté par les joueurs français.

bocage (n.m.) : paysage de l'Ouest de la France où les champs sont séparés par des arbres.

bon mot (n.m.) : expression amusante.

bosser (v., fam.) : travailler.

bouffe (n.f., fam.) : nourriture, cuisine (on se fait une bouffe : on dîne ensemble).

Bourse (n.f.) : endroit où on achète et vend des actions et des obligations (*cf.* boursier, adj.).

bourse (n.f.) **d'études** : somme d'argent payée par l'État à des élèves et étudiants pauvres.

branché, e (adj., fam.) : à la mode.

braderie (n.f.) : vente à bas prix de vêtements et d'objets.

brasserie (n.f.) : grand café, restaurant.

bricoler (v.) : faire de petits travaux de construction, de réparation (*cf.* bricolage, n.m.).

C

Ça craint ! (fam.) : c'est minable !

Ça l'fait ! (fam.) : c'est super !

cadre (n.m. et f.) : personne qui a la responsabilité de diriger un groupe de travailleurs, gestionnaire.

caméscope (n.m.) : appareil qui filme des vidéos.

carré (n.m.) **d'as** : les quatre experts.

carrefour (n.m.) : lieu où des routes ou des rues se croisent.

célibat (n.m.) : état d'être célibataire.

C'est galère ! (fam.) : se dit d'une situation pénible, difficile.

celtique ou celte (adj.) : la langue et les traditions celtiques se conservent surtout en Bretagne et en Irlande.

centrale (n.f.) **nucléaire** : usine nucléaire productrice d'électricité.

centralisation (n.f.) : concentration dans un endroit précis (contraire : décentralisation, régionalisation). Le pouvoir politique économique et administratif est centralisé à Paris.

chantier (n.m.) : domaine d'activité.

chienlit (n.m., fam.) : désordre.

chômage (n.m.) : *cf.* chômeur (personne qui ne trouve pas de travail).

cité (n.f.) **de banlieue** : groupement de grandes habitations collectives dans la banlieue des villes. Un fort pourcentage de familles d'immigrés, dont beaucoup sont au chômage, logent dans les cités.

circonscription (n.f.) : division administrative.

civique (adj.) : les droits civiques sont les droits accordés aux citoyens par la loi.

cohabitation (n.f.) : **1.** État de personnes qui vivent ensemble sans être mariées. **2.** En politique, quand le président de la République et le Premier ministre (et son gouvernement) appartiennent à des partis différents. Exemple : le président Chirac est de droite et le Premier ministre Jospin est de gauche.

collectif, ive (adj.) : qui concerne plusieurs personnes, plusieurs groupes ou la société.

colocation (n.f.) : quand plusieurs personnes louent ensemble le même logement.

commune (n.f.) : sur le plan administratif, la France est divisée en 36 000 communes.

Commune (n.f.) : l'armée de Prusse a vaincu l'armée de l'empereur Napoléon III mais les Parisiens refusent d'accepter l'armistice signé par le gouvernement. En 1871, ils font une insurrection, appelée la Commune, qui est réprimée très violemment par le gouvernement.

concilier : mettre en accord, accommoder.

Confrérie (n.f.) **de Tastevin** : association de vignerons et de chevaliers qui se réunissent au château du Clos Vougeot pour fêter les vins de Bourgogne.

congé (n.m.) : un jour de congé ou un jour férié est un jour sans travailler.

congés payés (n.m. pl.) : vacances annuelles instituées en 1936 pour tous les travailleurs et qui aujourd'hui durent cinq semaines.

continental, e (adj.) : le climat continental se trouve loin de la mer, à l'intérieur du continent.

contravention (n.f.) : amende à payer si une voiture est en stationnement interdit ou si le conducteur commet une faute.

cotiser (v.) : payer des cotisations (sommes d'argent) pour être membre d'une association, d'un syndicat.

couronner : *cf.* la couronne que porte sur la tête un roi ou une reine.

crise (n.f.) : période difficile ; la crise économique française (1973-1999) pendant laquelle le chômage ne cessait d'augmenter.

croyant (n.m.) : personne qui croit en Dieu.

culture (n.f.) : **1.** Action de cultiver la terre (cultures céréalières : le blé, le maïs, le riz ; cultures maraîchères : les légumes ; cultures fruitières : les fruits).
2. Les mœurs et les traditions intellectuelles et artistiques d'un peuple.

décalage (n.m.) : différence.

décaler (v.) : déplacer un peu par rapport à la position normale.

délit (n.m.) : faute par rapport à la loi (commettre un délit).

démographique (adj.) : *cf.* démographie : étude des variations de la population.

dépareillé, e (adj.) : qui contient des éléments hétérogènes (contraire : pareil).

département (n.m.) : sur le plan administratif, la France est divisée en 96 départements.

dépeupler (se) (v.) : perdre sa population.

diffusion (n.f.) : distribution.

dirigiste (adj.) : interventionniste.

dissertation (n.f.) : texte rédigé selon un plan en trois parties : la thèse, l'antithèse, la synthèse.

dissuasion (n.f.) **nucléaire** : armement nucléaire qui décourage l'adversaire d'attaquer.

distraire (se) (v.) : s'amuser.

dreyfusard (n.m.) : personne qui croyait à l'innocence du capitaine Dreyfus injustement condamné pour espionnage en 1894 et finalement réhabilité en 1906.

droits (n.m. pl.) **d'inscription** : somme d'argent à payer pour s'inscrire à l'université. En France, ces droits sont très peu élevés.

échec (n.m.) : contraire de « réussite ».

écolo (n.m. et f., fam.) : écologiste.

économie (n.f.) **libérale** : économie, comme aux États-Unis, où on laisse les forces du marché fonctionner librement. En revanche, en France, l'État joue un rôle interventionniste dans l'économie et il y a beaucoup d'entreprises de service public.

édifice (n.m.) : bâtiment.

Éducation (n.f.) **nationale** : le ministère de l'Éducation nationale établit les programmes scolaires, qui sont les mêmes pour tous les élèves. C'est un exemple de la centralisation de l'enseignement en France.

électorat (n.m.) : ensemble des électeurs.

élevage (n.m.) : action de nourrir et entretenir des animaux (bœufs, moutons, porcs) dans une perspective commerciale.

Élysée (n.f.) : le palais de l'Élysée à Paris est la résidence officielle du président de la République.

embouteillage (n.m.) : **1.** Mise en bouteille (eau minérale).
2. Circulation très dense (voitures).

emploi (n.m.) : travail (le plein-emploi est quand il n'y a pas de chômage).

emploi (n.m.) **intérimaire/précaire :** travail provisoire de durée déterminée (contraire : travail permanent).

enceinte (adj.) : (femme) qui attend un enfant.

engrais (n.m.) : matière souvent chimique qui rend la terre fertile.

entrave (n.f.) : contrainte, limite.

entreprise (n.f.) : société, firme.

entreprise (n.f.) **de main-d'œuvre :** usine.

envahir (v.) : *cf.* invasion ; envahisseur : personne qui participe à une invasion.

épargner (v.) : faire des économies (contraire : dépenser).

état (n.m.) **civil :** situation d'une personne (naissance, mariage, décès).

évasion (n.f.) : *cf.* s'évader : s'échapper.

exécutif, ive (adj.) : le pouvoir exécutif applique les lois.

exiger (v.) : demander avec insistance ; *cf.* exigence (n.f.) : condition, besoin, nécessité.

existentialisme (n.m.) : mouvement philosophique qui affirme que l'homme est libre et responsable de son existence.

exode (n.m.) **rural :** départ massif des habitants de la campagne pour vivre et travailler en ville.

exploitation (n.f.) **agricole :** ferme, propriété agricole.

falaise (n.f.) : côte abrupte.

ferroviaire (adj.) : qui concerne le chemin de fer.

fiscal, e ; fiscaux (adj.) : qui concerne le fisc, l'impôt, les taxes.

fonctionnaire (n.m. et f.) : employé(e) de la fonction publique, de l'État (contraire : employé(e) du secteur privé). L'administration de l'État est exécutée par les fonctionnaires.

fond (n.m.) : sujet, contenu (contraire : forme, présentation).

fournisseur (n.m.) : *cf.* fournir.

forain, e (adj.) : qui concerne la foire.

formation (n.f.) : préparation à une carrière, entraînement.

fourneau (n.m.) : cuisinière.

foyer (n.m.) : maison ; une femme au foyer ne travaille pas à l'extérieur de la maison.

Franciliens (n.m. pl.) : nom donné aux habitants de l'Île-de-France, région autour de Paris.

frontalier, ère (adj.) : *cf.* frontière.

gaullisme (n.m.) : ensemble des idées du général de Gaulle.

gérer (v.) : administrer.

gestion (n.f.) : administration, management ; *cf.* gestionnaire.

glisse (n.f.) : le ski, le skateboard, le roller sont des sports de glisse.

Goncourt (n.m.) : le prix Goncourt est un prix littéraire annuel décerné à un roman.

goûter (n.m.) : petit repas pour enfants après l'école.

Grande école (n.f.) : école prestigieuse après le bac. Voir page 112.

Grands travaux (n.m. pl.) : construction de monuments et de grands bâtiments publics (comme la pyramide du Louvre, l'arche de la Défense, la Bibliothèque de France) pendant la présidence de François Mitterrand 1981-1995.

guerre (n.f.) **d'Algérie** : en Algérie, une guerre civile a opposé les Français et les Algériens de 1954 jusqu'à l'indépendance de l'Algérie en 1962. Cette guerre a divisé la France entre ceux qui voulaient que l'Algérie reste française et ceux qui étaient en faveur de l'indépendance algérienne.

guerre (n.f.) **d'Indochine** : guerre coloniale qui s'est terminée en 1954 par la défaite de l'armée française à Diên Biên Phû.

H

halte-garderie (n.f.) : endroit où on garde les jeunes enfants.

haut de gamme : prestigieux.

hebdomadaire (adj.) : chaque semaine.

hémicycle (n.m.) : espace en forme de demi-cercle ; désigne le Parlement.

hexagone (n.m.) : forme géométrique à six côtés ; la forme géographique de la France ressemble à un hexagone.

homéopathie (n.f.) : médecine douce qui soigne avec des plantes et des minéraux non seulement la maladie mais le corps entier.

Hospice (n.f.) **de Beaune** : hôtel-dieu fondé en 1443 dans la ville de Beaune ; il est entouré par des vignobles de Bourgogne.

houiller, ère (adj.) : un bassin houiller est une région de mines de charbon.

I

immobilier (n.m.) : les immeubles (de bureaux et de logements) et les maisons.

impôt (n.m.) : taxe payée à l'État sur l'argent gagné (impôt direct). On peut payer cette taxe par tiers (trois fois au cours de l'année). Voir page 166.

Impressionnisme (n.m.) : école de peinture de la fin du XIXe siècle. Principaux peintres : Monet, Pissarro, Renoir.

inégalité (n.f.) : contraire d'« égalité ».

informaticien (n.m.) : personne travaillant dans les technologies de l'information.

informatique (n.f.) : tout ce qui est du domaine de l'ordinateur.

infranchissable (adj.) : impossible à traverser.

insécurité (n.f.) : manque de sécurité créé par les actions des délinquants, des petits criminels et des cambrioleurs.

interphone (n.m.) : appareil téléphonique installé comme mesure de sécurité à la porte d'entrée d'un immeuble.

investisseur (n.m.) : personne qui fait un investissement ; *cf.* investir.

J - K

jacobin, e (n. ou adj.) : pendant la Révolution française de 1789, les Jacobins étaient en faveur du pouvoir centralisé. La centralisation est caractéristique de l'État français.

jansénistes (n.m. pl.) : la doctrine janséniste de 1640 fondée sur la nécessité de la grâce de Dieu s'oppose à la doctrine du libre arbitre des jésuites.

jardin (n.m.) **« à la française »** : jardin dessiné selon des formes géométriques.

jésuites (n.m. pl.) : l'ordre religieux de la Compagnie de Jésus a été créé en 1540 par Ignace de Loyola.

judiciaire (adj.) : qui concerne la justice.

juridique (adj.) : qui concerne le droit, la loi.

jurisprudence (n.f.) : ensemble des décisions prises par les tribunaux et les cours.

krach (n.m.) : effondrement économique.

L

laborieux, euse (adj.) : qui travaille dur.

laïc, laïque (adj.) : qui est indépendant de toute religion. La France est une république laïque depuis 1905. École laïque (contraire : école privée).

lande (n.f.) : végétation pauvre.

législatif, ive (adj.) : le pouvoir législatif vote les lois.

librairie (n.f.) : magasin où on vend des livres.

lier à (v.) : associer.

littoral, e (adj.) : qui est au bord de la mer.

« Loft Story » : en 2001, première émission de la « télévision réalité » en France.

ludique (adj.) : associé au jeu.

Lumières (les) : le XVIIIᵉ siècle français est appelé le siècle des Lumières en raison des nouvelles idées diffusées par les philosophes Voltaire, Diderot et Rousseau.

M

maghrébin, e (n. ou adj.) : qui concerne le Maghreb (le Maroc, la Tunisie, l'Algérie) en Afrique du Nord.

Mai 1968 : crise sociale et politique provoquée par la révolte des étudiants et la grève générale. Voir page 48.

mairie (n.f.) : hôtel de ville où se réunit le conseil municipal présidé par le maire.

majeur, e (adj.) : les jeunes Français deviennent majeurs à l'âge de dix-huit ans.

malin, maligne (adj.) : astucieux.

maquis (n.m.) : végétation formée de petits arbres et de buissons.

Marianne : femme symbolique de la République. Une sculpture de la tête de Marianne se trouve dans chaque mairie.

matière (n.f.) **première** : produit destiné à être transformé.

Matignon : résidence officielle à Paris du Premier ministre.

maux (n.m. pl.) : petits problèmes de santé.

médiatique (adj.) : qui concerne les médias ; *cf.* médiatisation (n.f.).

ménage (n.m.) : famille.

métissé, e (adj.) : mélangé, hybride.

métropole (n.f.) : territoire principal. La France se compose de la France métropolitaine en Europe (96 départements), des quatre départements d'outre-mer (Guadeloupe, Martinique, Réunion, Guyane) et des territoires d'outre-mer gouvernés par la France.

Midi (n.m.) : sud de la France.

mobilier (n.m.) : les meubles.

mœurs (n.f. pl.) : habitudes de vie, coutumes.

monarchique (adj.) : dirigé par un roi.

mondialisation (n.f.) : globalisation.

mont (n.m.) **Valérien** : près de Paris, en 1941, lieu d'exécution de Juifs par les nazis. En 1962 y est inauguré le Mémorial des martyrs de la déportation.

muet (n.m.) : le cinéma muet, sans paroles.

multiplexe (n.m.) : édifice où se trouvent plusieurs salles de cinéma.

mur (n.m.) **des Fédérés** : les derniers fédérés (partisans) de la Commune de Paris sont fusillés devant le mur du cimetière du Père-Lachaise en mai 1871.

N - O

nationaliser : le fait pour l'État de devenir propriétaire d'une entreprise nationalisée, appelée dès lors entreprise publique.

négritude (n.f.) : ensemble des caractéristiques de la culture noire.

Nord-Sud : 1. Dialogue entre les pays développés du Nord et les pays défavorisés en voie de développement du Sud (de l'Équateur).
2. Opposition culinaire entre le Nord et le Sud de la France.

ordonnance (n.f.) : prescription faite par un médecin.

ostéopathie (n.f.) : médecine douce qui soigne en manipulant le corps et les articulations.

P

pari (n.m.) : enjeu.

particularité (n.f.) : caractère spécifique.

patrimoine (n.m.) : **1.** Héritage du passé, héritage culturel (pays).
2. Fortune (personne).

patrimonial, e (adj.) : *cf.* patrimoine.

patronat (n.m.) : ensemble des patrons.

pâturage (n.m.) : pré, prairie.

pèlerinage (n.m.) : voyage à un endroit saint.

Pentecôte (n.f.) : jour de congé d'origine catholique.

périphérique (adj.) : la ville de Paris se situe à l'intérieur du boulevard périphérique qui entoure la capitale et la sépare de la banlieue.

pétrolier, ère (adj.) : *cf.* pétrole, puits de pétrole.

phytothérapie (n.f.) : médecine douce qui soigne par les plantes.

pluvieux, euse (adj.) : *cf.* pluie.

pouvoirs (n.m. pl.) **publics :** l'État.

pratiquant, e (adj.) : qui pratique une religion.

préciosité (n.f.) : recherche excessive de langage et de style.

préfecture (n.f.) : bureaux du préfet et de ses assistants.

préfet (n.m.) : fonctionnaire qui représente l'État dans un département ou une région.

prélever (v.) : prendre, retenir ; *cf.* prélèvement.

prévaloir (v.) : avoir la priorité.

protection (n.f.) **sociale :** les lois sociales protègent les individus contre les risques financiers de maladie, de vieillesse et de chômage ; *cf.* la Sécurité sociale, page 172.

proximité (n.f.) : espace proche. De proximité : à côté (contraire : loin).

R

rabelaisien, enne (adj.) : relatif à l'écrivain François Rabelais (1494-1553).

radio (n.f.) **libre :** station de radio privée qui est financée par la publicité.

randonnée (n.f.) : longue promenade.

réalisateur (n.m.) : metteur en scène.

réaménager (v.) : rénover.

recevoir (v.) : accueillir des invités à la maison.

recours (n.m.) : avoir recours à (utiliser).

redressement (n.m.) : reconstruction.

Réforme (n.f.) : au XVIe siècle, la Réforme donne naissance aux Églises protestantes. Les idées du Français Jean Calvin (1509-1564) ont inspiré le protestantisme calviniste.

régime (n.m.) : organisation politique d'un pays ; un régime monarchique, un régime républicain.

régler (v.) : réglementer.

rémunérer (v.) : payer.

renouveau (n.m.) : renaissance.

rentable (adj.) : productif ; *cf.* rendement.

repartie (n.f.) : réponse rapide et spirituelle.

repère (n.f.) : référence.

réseau (n.m.) : circuit ; ensemble des lignes de communication entre différents endroits (réseau du métro).

restreint, e (adj.) : limité.

retraite (n.f.) : **1.** Période après la fin de son activité professionnelle ; *cf.* retraité : senior.
2. Somme d'argent payée par l'État pendant la retraite.

retrouvailles (n.f. pl.) : rencontre, réunion.

revanche (n.f.) : vengeance.

réveillon (n.m.) : le soir qui précède le jour de Noël et le jour de l'An.

revendication (n.f.) : demande, réclamation.

revenu (n.m.) : somme d'argent qu'une personne gagne.

révocation (n.f.) : annulation.

rue de Grenelle : adresse à Paris du ministère du Travail.

ruraux (n.m. pl.) : habitants de la campagne.

S

saisie (n.f.) **de données :** traitement de texte par ordinateur.

sapin (n.m.) : arbre qui reste vert toute l'année et qui est donc un symbole de vie.

saveur (n.m.) : goût.

scolaire (adj.) : qui concerne l'école.

scolarisation (n.f.) : le fait d'aller à l'école.

secteur (n.m.) **privé :** contraire de « secteur de l'État ».

sensiblement (adv.) : considérablement.

sibérien, enne (adj.) : extrêmement froid.

sidérurgie (n.f.) : industries qui produisent le fer, la fonte et l'acier.

soldats (n.m. pl.) **de l'an II :** la Convention révolutionnaire établit un nouveau calendrier qui change 1792 en l'an I. En l'an II (1793) l'armée républicaine doit défendre la France contre une coalition de monarchies européennes.

soldes (n.m. pl.) : vente dans les magasins de marchandises à prix réduits.

socioprofessionnel, elle (adj.) : relatif à la profession et à la catégorie sociale à laquelle appartient la profession.

subvention (n.f.) : aide financière de l'État.

suffrage (n.m.) : élection ; le suffrage universel donne le droit de vote à tous les citoyens âgés de dix-huit ans et plus.

surconsommation (n.f.) : consommation excessive.

syndicat (n.m.) : *cf.* syndical, e (adj.) : l'objectif d'un syndicat ou d'une centrale syndicale est de défendre les conditions d'emploi des travailleurs.

T

taille (n.f.) : dimension.

tchao (fam.) : au revoir, salut !

tchatcher (v., fam.) : bavarder, parler beaucoup.

télématique (n.f.) : techniques et services relatifs à la télécommunication électronique et à l'informatique.

télétravail (n.m.) : travail à distance grâce à l'ordinateur.

tempéré, e (adj.) : modéré, ni très chaud ni très froid.

terrestre (adj.) : relatif à la Terre.

territoire (n.m.) **national :** c'est-à-dire la France.

terroir (n.m.) : *cf.* terre ; la gastronomie de terroir est composée de produits régionaux traditionnels.

tertiaire (adj.) : le secteur tertiaire comprend les activités économiques qui ne sont ni agricoles ni industrielles, c'est-à-dire les services administratifs, financiers, de transport, d'enseignement.

thermal, e (adj.) : une source thermale ; *cf.* le thermalisme, page 174.

tourisme (n.m.) **vert :** le vert est la couleur associée à la nature et à l'écologie.

transports (n.m. pl.) **en commun :** transports publics.

tri (n.m.) **sélectif des déchets :** répartition dans des poubelles différentes des ordures, des bouteilles vides et des journaux afin de les recycler.

Union (n.f.) **européenne :** années d'adhésion des quinze pays membres :
1957 l'Allemagne, la Belgique, la France, l'Italie, le Luxembourg, les Pays-Bas.
1973 le Danemark, la Grande-Bretagne, l'Irlande.
1981 la Grèce.
1986 l'Espagne, le Portugal.
1995 l'Autriche, la Finlande, la Suède.

union (n.f.) **libre :** cohabitation (vie en couple sans mariage).

urbanisation (n.f.) : augmentation de la population des villes en raison de la diminution de la population à la campagne.

urbanisme (n.m.) : projets pour rendre les villes plus adaptées aux besoins des citadins (habitants des villes).

vache (n.f.) **folle :** en 1996, la maladie de la vache folle s'est déclarée en raison de l'utilisation de farines animales pour nourrir des animaux de boucherie. Par conséquent, le public a perdu confiance dans les techniques industrielles de production alimentaire.

vente (n.f.) : le fait de vendre.

Verdun : la bataille de Verdun en 1916 a été la plus meurtrière de la Première Guerre mondiale : 275 000 soldats français tués et 240 000 Allemands.

vignoble (n.m.) : champ de vignes qui produisent du vin.

villégiature (n.f.) : lieu de vacances.

vinicole (adj.) : une région vinicole produit beaucoup de vin.

voie (n.f.) **piétonne :** rue interdite aux voitures et donc réservée aux piétons.

volaille (n.f.) : les poules, canards, dindes, etc.

voltairien, enne (adj.) : relatif à Voltaire, philosophe et écrivain (1694-1778).

voyante (n.f.) : astrologue.

Web (n.m., mot emprunté à l'anglais) : toile (n.f.).

webmestre (n.m.) : spécialiste de création et de maintien de sites d'Internet (en anglais « webmaster »).

CRÉDITS PHOTOGRAPHIQUES

p. 4 h : Hoa Qui/Zefa/Eugen ; **p. 4 bg** : AFP/G. Bouys ; **p. 5 b** : Scope/M. Guillard ; **p. 12 h** : Hoa Qui/Serena/B. Morandi ; **p. 12 b** : Hoa Qui/Zefa/Eugen ; **p. 14** : Les Editions Albert René, Goscinny – Uderzo ; **p. 18** : Scope/J. Guillard ; **p. 22** : Hoa Qui/N. Thibaut ; **p. 24** : Hoa Qui/B. Machet ; **p. 26** : Scope/J. Guillard ; **p. 28** : Hoa Qui/M. Renaudeau ; **p. 30 h** : Scope/J. L. Barde ; **p. 30 b** : Hoa Qui/S. Grandadam ; **p. 32** : Hoa Qui/C. Valentin ; **p. 34** : Archives Larbor/BNF ; **p. 36 b** : Scope/M. Guillard ; **p. 40** : Bridgeman-Giraudon ; **p. 42 b** : Roger-Viollet ; **p. 44** : Archives Nathan ; **p. 46** : Archives Larbor ; **p. 48** : Magnum/H. Cartier-Bresson ; **p. 52 b** : Archives Nathan ; **p. 54** : CIRIP/Affiche de Lefor-Opéno ; **p. 64** : Airbus Industries ; **p. 74** : Sources d'Europe ; **p. 78** : Gamma/L. Monier ; **p. 80** : Gamma/C. Vioujard ; **p. 82** : AFP/F. Demir ; **p. 84** : Gamma/J. L. Bulcao ; **p. 88** : Rea/Ludovic ; **p. 90** : AFP/P. Pavani ; **p. 94** : Gamma/R. Gaillarde ; **p. 104** : Marco Polo/F. Bouillot ; **p. 108** : Phanie/V. Burger ; **p. 114 h** : Rea/V. Macon ; **p. 122** : Hoa Qui/M. Renaudeau ; **p. 124** : Bridgeman-Giraudon ; **p. 126** : Archives Larbor ; **p. 128** : Magnum/B. Barbey ; **p. 130** : Enguerand-Bernand/C. Masson – A. Pacciani ; **p. 132 h** : Labels ; **p. 132 b** : MPA – Stills/Garfield ; **p. 134** : Collection Christophe L ; **p. 138** : Canal+/X. Lahache ; **p. 140 h** : AFP/G. Bouys ; **p. 144** : Hoa Qui/M. Troncy ; **p. 150** : Explorer/D. Bringard ; **p. 176** : Ciric/M. Crozet

Toutes les autres photos sont de Lucas Schifres.

N° d'Éditeur : 10133421 - CGI/CTF - Avril 2006
Imprimé en Italie par Vincenzo Bona

WHAT WAS I SCARED OF?

By
Dr. Seuss